お寺の掲示板
江田智昭
新潮社

はじめに

お寺の門前に設置されている掲示板をご存じでしょうか？　足を止め、そこに書かれた言葉を目にされた方も多いと思いますが、どのような印象をお持ちでしょうか？

二〇一八年テレビ朝日の『タモリ倶楽部』で「お寺の掲示板大賞」が特集されたとき、タモリさんが「お寺の掲示板は時々見るけど、難しくてよくわからない言葉が多いよね」とおっしゃっていましたが、おそらく同様の印象を持っている方が多いのではないかと思います。

もちろん、漢字ばかりのお経を貼り出しているお寺もありますが、全てがそういうわけではありません。様々なお寺の掲示板の言葉を通してもっと仏教に触れて欲しいという思いが募り、始めたのが、「輝け！お寺の掲示板大賞2018」。本書はこの掲示板大賞に投稿された作品を集めたものです。

「お寺の掲示板大賞」とは、SNS（ソーシャル・ネットワーキング・サービス）のツイッターやインスタグラム上にお寺の掲示板の写真を投稿してもらい、その中から優れた作品を選ぼうというシンプルな企画です。

予算がほぼゼロの企画でありながら、大変多くのメディアに取り上げられ、二〇一八年七月一日〜十月三十一日までの四か月間にツイッター、インスタグラム合わせて約七百作品が集まりました。

投稿された作品はバラエティに富んでいます。深く考えさせられるもの、ユニークなもの、一見意味不明なもの、完全に意味不明なもの、実に様々でした。

掲示板大賞に対する想像以上の反響によって、実はお寺の掲示板の言葉に興味を持っている人が少なくないことが判明しました。私は昔からお寺の掲示板の言葉を読むのが好きでしたが、「実は私も前から好きだったんだよね」とこっそりカミングアウトしてくる人が結構いたのには驚きました。決してこっそり告白するような恥ずかしいことではないと思うのですが、いままで周りにはなかなか打ち明けられなかったようです。

この企画を行っていて、「お寺の掲示板の言葉はどうやって書かれているんですか？」という質問をよく受けました。それらのほとんどはそのお寺のご住職や関係者が考えて書いています。もちろん、地域や宗派で決まった標語を出しているお寺もありますが、お寺のご住職が悩みぬいて書かれたものがほとんどです。ですから掲示板の言葉の内容や書体にはそのお寺のご住職の考え方や性格などが滲み出ています。

そのようなお寺のセンスが凝縮された掲示板の言葉をとおして仏教に触れてもらいたい、という思いからこの本がつくられました。

当然それは、掲示板を書かれたお寺の方々や撮影して投稿してくださったみなさんの大変温かいご協力なくしてはあり得ないものです。

ご覧いただければ、おそらくいままで持っていたお寺の掲示板のイメージが大きく覆されるのではないかと思います。お寺の掲示板の世界の奥深さに気づいていただき、仏教に親しむ一助となれば、これほどうれしいことはありません。

二〇一九年八月

江田智昭

目次

カバー写真［表］：雲西寺（大分）
［裏］：龍雲寺（東京）
本扉写真：龍雲寺（東京）
撮影協力［カバー裏、本扉］：細川晋輔（龍雲寺住職）
撮影［カバー裏、本扉］：筒口直弘（新潮社写真部）
装幀：新潮社装幀室

――深い！

願蓮寺（岐阜）
投稿者：@10com_nj

1

誰もが一度だけ経験すること

この掲示板が「輝け！お寺の掲示板大賞2018」の大賞作品です。投稿されるとすぐにインターネット上で大きな反響を呼び、それまで全く無名だった「お寺の掲示板大賞」の名を世に広く知らしめました。

「自分もいつかは死すべき存在である」ということを日頃私たちは忘れてしまいがちです。「釈尊」（お釈迦さま）は、本当にこのような言葉を口にされたのでしょうか。

釈尊の教えを伝えるとされる原始仏典『サンユッタ・ニカーヤ』の中では、「生まれた者が死なないということはあり得ない」（中村元訳『ブッダ悪魔との対話』、岩波文庫）と記されています。この標語を書かれたご住職は、それをより直接的な物言いにしたのだと思われます。

アップル社の共同設立者の一人、スティーブ・ジョブズさんが、亡くなる二〇一一年の六年前にスタンフォード大学の卒業式で行ったスピーチは有名です。若いときから、坐禅を組み、仏教に関心を抱いていたジョブズさんは、このときすでに癌に侵されていました。卒業式の壇上で、十七歳のとき目にした本の言葉を紹介しています。

「毎日、これが人生最後の日と思って生きてみなさい。そうすればいつかそれが正しいとわかる日がくるだろう」

当然ですが、誰にでも人生最後の日はやってきます。今回、「おまえも死ぬぞ」という言葉に多くの人がショックを受けているのを見て、現在、死がいかに遠い存在であるかを痛感しました。だれもが経験することとして、死を身近に意識することによって、また違った「生の顔」が見えるのではないでしょうか。

2

「愚かになってください」

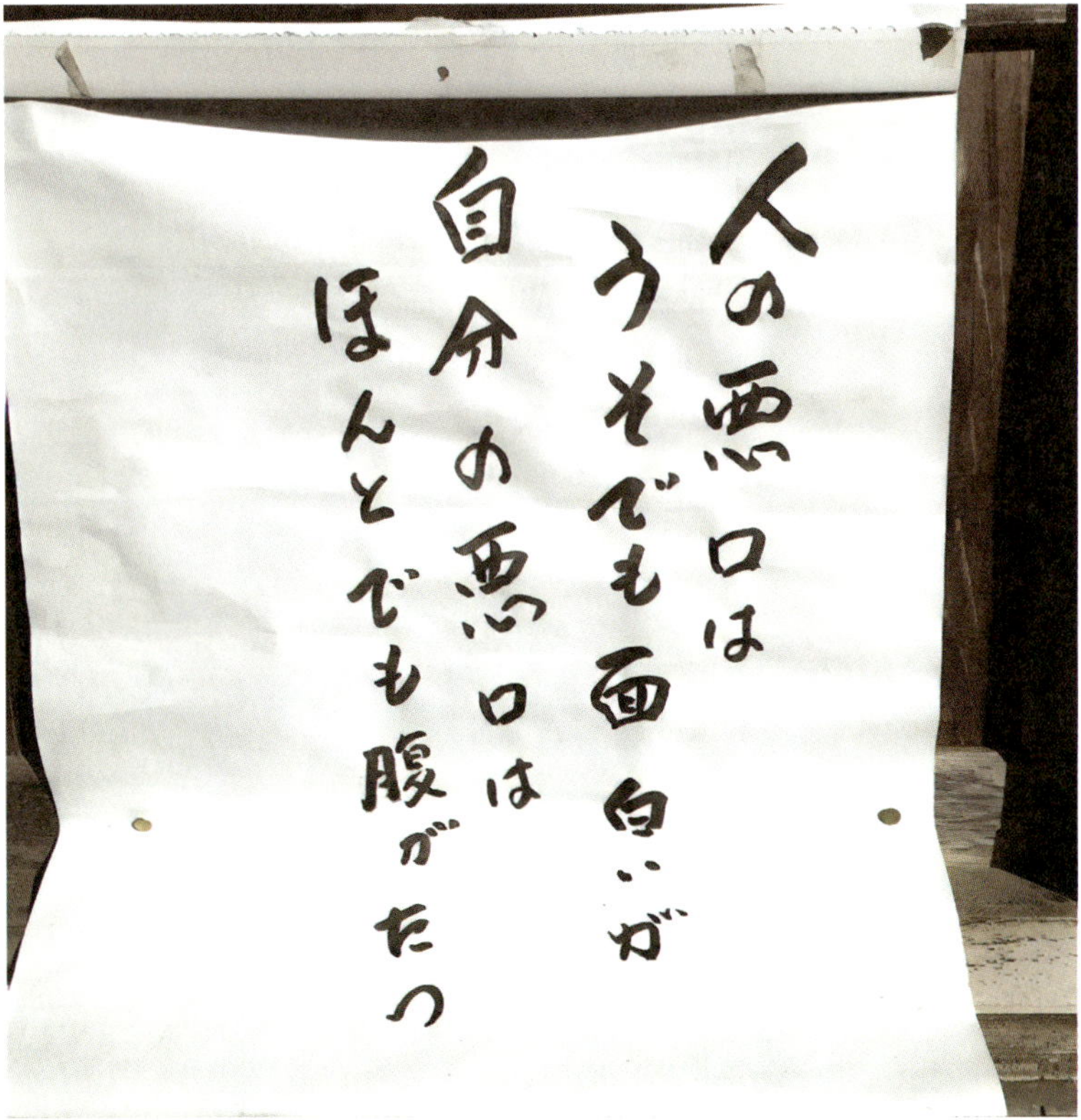
人の悪口は
うそでも面白いが
自分の悪口は
ほんとでも腹がたつ

龍澤寺（愛媛）
投稿者：aki_eo

投稿者が「うまいとこついてくるな」とコメントされていました。本当にそうですね。

他人の愚かさや欠点をあげつらって揶揄するのは、どこか楽しいものです。でも、自分のことを悪く言われると許せない。人間はだれしも自己中心的であり、自分の愚かさを受け入れることは非常に難しいものです。

僧侶を養成する京都の中央仏教学院に通っていたとき、入学式でこのようなことを言われました。

「君たちは愚かになって卒業してください」

勉強して、愚かになるとはどういうことなのでしょうか？　学校だったら、普通は「賢くなれ」と諭すものだろうに。この話はさらにこう続きます。

「仏教の教えに関する知識をいくら増やしてもダメです。それが自分の問題として受け止められなければ、いくら仏教を学んでも愚かになれず、ただ賢くなるだけです」

私はますます混乱しましたが、学んでいく中で気がつきました。それはつまり、「自分の愚かさを自覚できる人、見つめられる人になってください」という意味だったのです。

仏教の教えに詳しくなったことを鼻にかける人をたまに見かけますが、それは決して仏教的な態度ではありません。

覚えた教えをひけらかすのではなく、教えを咀嚼し、自分の考えとして吸収していくことによって、愚かになる（自身の愚かさを自覚する）。これが大切なのです。

3

迷惑かけずに死にたい

玄隆寺（京都）
投稿者：@sakuratsuki21

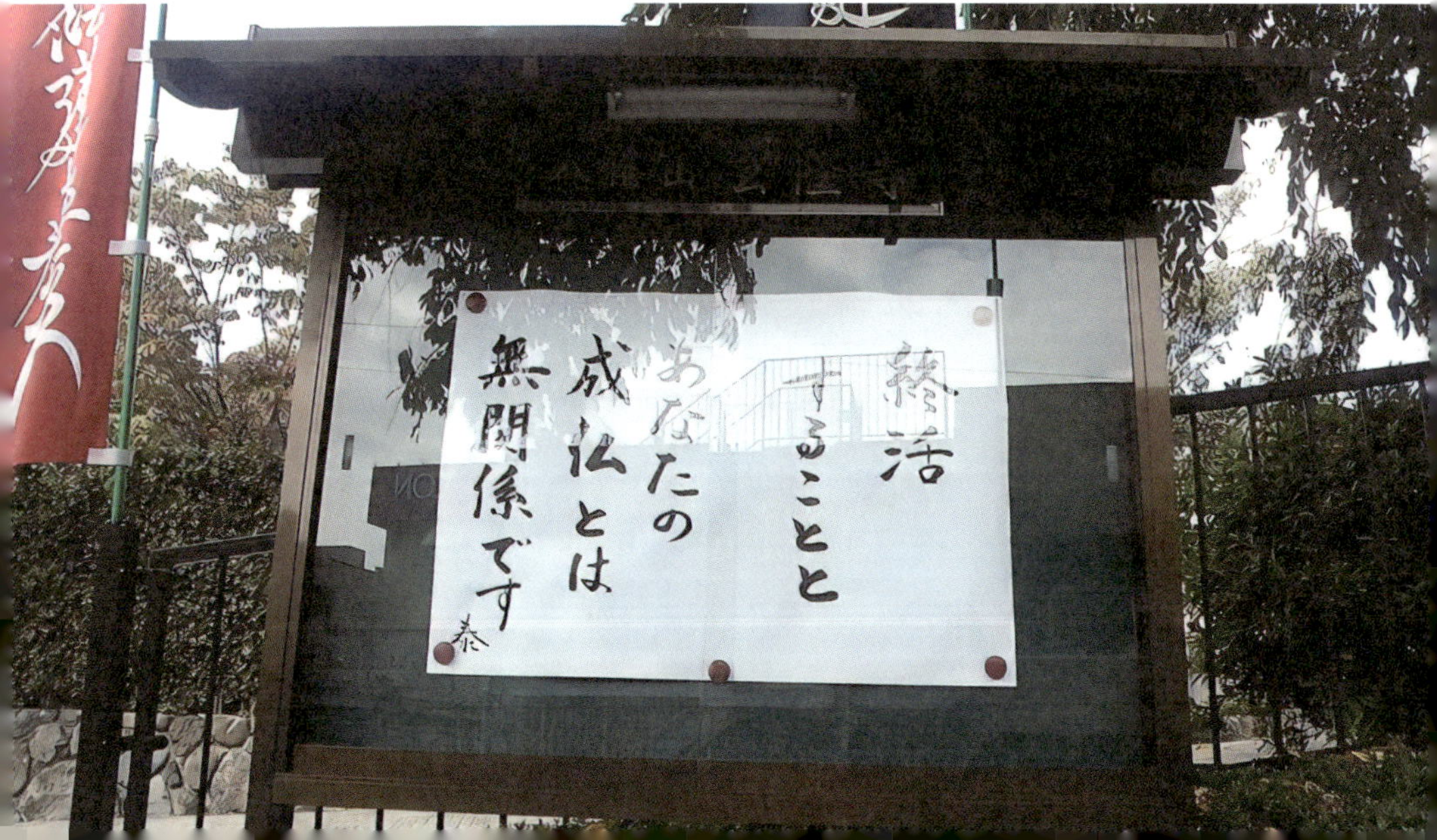
終活
することと
あなたの
成仏とは
無関係です
泰

大学生の就職活動（就活）に引っ掛けて、人生の終わりを想定して準備しましょう、と名づけられたのが「終活」です。

相続の問題や葬儀やお墓のこと、家族も知らないようなこと、もろもろを「エンディングノート」に書き込んでおき、「いざ」というときに備えるわけです。誰しも「死」だけは絶対に避けては通れません。そこで、几帳面な人ほど、周りに迷惑をかけまいと「終活」に励むことになります。

ですから、終活するとは「迷惑をかけない」ことの最終形態と言えるかもしれません。

しかし、迷惑をかけずに生きて死ぬことなど本当にできるのでしょうか？

以前、宗教評論家のひろさちやさんの講演を聞いたことがあります。ひろさんのお母さんは、「ぽっくり死にたい」「ボケたらみんなに迷惑をかけてしまう」と頻繁に言っていたそうですが、これに対してひろさんは、「あんたは生きている限り迷惑だ」と言い放ったというのです。

初めて聞いたとき、私は「ずいぶんひどいことを言うな」と思いました。ひろさんは「うちの母親だけでなく、すべての人間はみな生きている限り、周りに迷惑をかけまくっている存在なんです」と続け、「どんな人間でも迷惑をかけることが当たり前。それを無視して、死んだ後のことをすべて自分で決めようとする『終活』にはエゴがつきまとっています」と指摘しました。

「迷惑をかけないこと」は日本人の美徳の一つと思われています。確かに美徳ではあるのですが、その意識が社会の中で過剰になりすぎて、「人は周りに迷惑をかけずには生きられない」という真理を無視してしまう。そうなると、多くの人々にとって生きづらい社会になってしまうのではないでしょうか。

　仏教の中には縁起という教えがあります。縁起とは縁《よ》って起こる。つまり、自分は世界のあらゆるものと関わっていて、それらのおかげで成り立っているということです。

　親鸞聖人は『歎異抄《たんにしょう》』の中で「一切の有情《うじょう》は、みなもって世々《せせ》生々《しょうじょう》の父母《ぶも》兄弟なり」とおっしゃっています。これはつまり、「すべての生きものはお互いがいつかどこかで兄弟であったかもしれないし、親子であったかもしれない」ということです。もし、そのような視点や考え方を持つことができれば、周囲の人に対する見方や関係性が変わってくるのではないでしょうか。

　私たちは周りのひとびとと支えあいながら生きています。支え合いながら生きているということは、そのまま「迷惑をかけ合いながら生きている」ということです。

　内田樹さんが以前書かれた本のタイトルに『ひとりでは生きられないのも芸のうち』（文藝春秋）というものがありました。

　もともと人間は「ひとりでは生きられない」のですから、周囲に感謝の気持ちを持ちながら「お互いに迷惑をかけ合う能力」を積極的に磨くことも必要なのかもしれません。

4

目を覚ませ

日々を忙しく過ごしていると、周りのものがしっかり見えなくなりがちですが、私たちは毎日、実に多くの人や物に支えられながら生きています。みなさんはそれらが当たり前になってしまい、大切なものが見えなくなっているのではありませんか？

さとりを開かれたお釈迦さまは「覚者」とも表現されます。英語で言えば「Awakened One（目覚めたもの）」。つまり、全てが見えている存在です。

それに対して、私たちは全てが見えていると思い込んでいるだけで、実はぼんやりとしか見えていません。「縁起」やすべてのものは移り変わるという「諸行無常」の真理がいつもしっかり見えていれば、この世の中に当たり前のものがなくなり、すべてのものが尊く感じられるようになるのではないでしょうか。

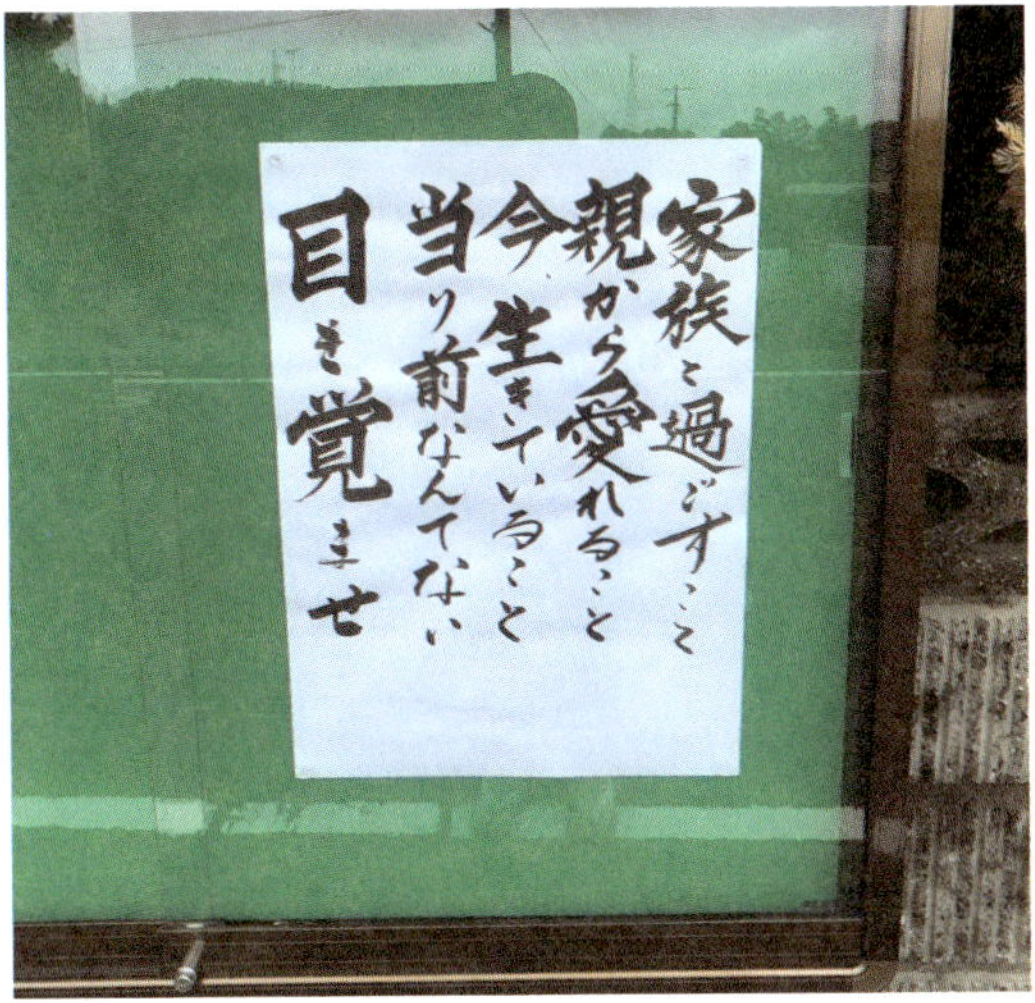
家族と過ごすこと
親から愛されること
今生きていること
当り前なんてない
目を覚ませ

長壽寺（長崎）
投稿者：ojika_choujuzi

「怒る」と「叱る」

了峰寺（京都）
投稿者：@yokki256

みなさんは「叱る」と「怒る」の違いがわかりますか？『大辞泉』を引くと、両者はだいぶニュアンスの異なる言葉だとわかります。

【怒る】１　不満・不快なことがあって、がまんできない気持ちを表す。腹を立てる。いかる。２　よくない言動を強くとがめる。しかる。
【叱る】目下の者の言動のよくない点などを指摘して、強くとがめる。

「怒る」の説明の中に「しかる」という言葉も出てくることから、同様の意味で捉えるひとが多いと思いますが、大きな違いがあります。

　それは、「怒る」が自己の一人よがりの感情であるのに対して、「叱る」は相手のことを考えた上での行為である点です。

「三毒《さんどく》」という言葉があります。これは、仏教において克服すべき根本的な三つの煩悩である「貪《とん》・瞋《じん》・癡《ち》」を指しますが、この内の「瞋」が自己中心的な心で怒ることを意味しています。怒る人が増えているということは自己中心的な人が増えているということです。

　一方で、「叱る」は他者のためを思っての行動ということで、慈悲の気持ちからくるものともいえるでしょう。「怒る」と「叱る」の違いについて、本人はあまり自覚がないかもしれませんが、周囲からはよくわかるものです。いつも自分勝手に怒っていると、人の気持ちが離れていき、知らぬ間に孤立してしまいます。

　一四頁で「縁起」の説明をしましたが、自分は世界のあらゆるものと関わっていて、それらのおかげで成り立っているということをよく理解していれば、「怒る」のではなく、自然と「叱る」かたちになるはずです。

6

「いのち」は誰のものか？

東本願寺（京都）
撮影者：若村亮

この言葉は、真宗大谷派東本願寺の「親鸞聖人七百五十回御遠忌《ごえんき》」のテーマでした。

最初読んだときは、正直なところ、なんだか変な言葉だと思いましたが、よくよく考えると実に深い言葉なのです。通常、「あなたのいのちが」とするところでしょう。しかし、「いのち」は誰のものでもありませんし、私の所有物でもありません。そう考えると、「いのち」が主語になるのもうなずけます。

仏陀の教えを短い言葉で伝えた『法句経《ほっくきょう》』の中に次の一節があります。


「わたしには子がある。わたしには財がある」と思って愚かな者は悩む。しかしすでに自己が自分のものではない。

ましてどうして子が自分のものであろうか。

どうして財が自分のものであろうか。（中村元訳『ブッダの真理のことば感興のことば』、岩波文庫）

仏陀のおっしゃるとおり、そもそも「自己が自分のものではない」。ですから、いのちを含めたさまざまなもの（子・財など）を「自分のもの」としてしまうのは誤った感覚です。

そもそも、「自分」っていったい何でしょうか？

一時期、「自分探し」が流行《はや》りましたが、残念ながら本当の「自分」なんてものは幻にすぎません。ですから、「自分」や「自我」という幻の感覚が心の中で肥大化すればするほど悩みや苦しみが増大することを認識することが大切だと言えるでしょう。

7

つくられた幸せ

つくられた幸せで
インスタ疲れ
本当の
幸せは
写真映《ば》えしない
日常の
温かさの中に
光っている

佛光寺（京都）
投稿者：@wakamuraryo

これは、「お寺の掲示板界」で最も有名といっても過言ではない、京都市街にある真宗佛光寺派本山佛光寺の標語です。佛光寺は、掲示伝道に昔から力を入れていて、過去にこちらの掲示板の標語が話題を呼び、それらを集めた本が出版されたほどです。

佛光寺の標語はタイムリーな話題を頻繁に盛り込んでくるのですが、今回は写真共有アプリケーションのインスタグラム。二〇一七年は「インスタ映え」という言葉が流行語になりました。

SNSは、コミュニケーションを取る上で大変便利な半面、人々に苦しみや疲労をもたらしているのも事実です。最近では「SNS疲れ」という言葉が話題になっています。

この標語では、「いいね」をもらうために、リア充ぶりをアピールした写真などをあげることを「つくられた幸せ」と呼んでいます。若者を中心に利用者の多くが他人の評価に執着し、その執着心が心理的な疲労になっている点を、短い標語の中でうまく突いています。

ありのままを見せればいいはずなのに、SNS上では幸せな姿や楽しい姿を演じなければならない。そして、SNS上の他者の幸せな姿と自分の姿を比較してしまう。そうなると、疲れるのは当然だと思います。

インスタグラムなどに載せられている写真はすべて過去のものにすぎません。たとえ数秒前の写真だとしても、過去は過去です。それが周囲からどのような評価を得るのかが気になっているわけですから、過去や他者にとらわれて、いまへの集中が妨げられているのです。

SNS上にある過去ではなく、いまのリアルな輝きを探すことに集中してみませんか。

8 上機嫌でいよう

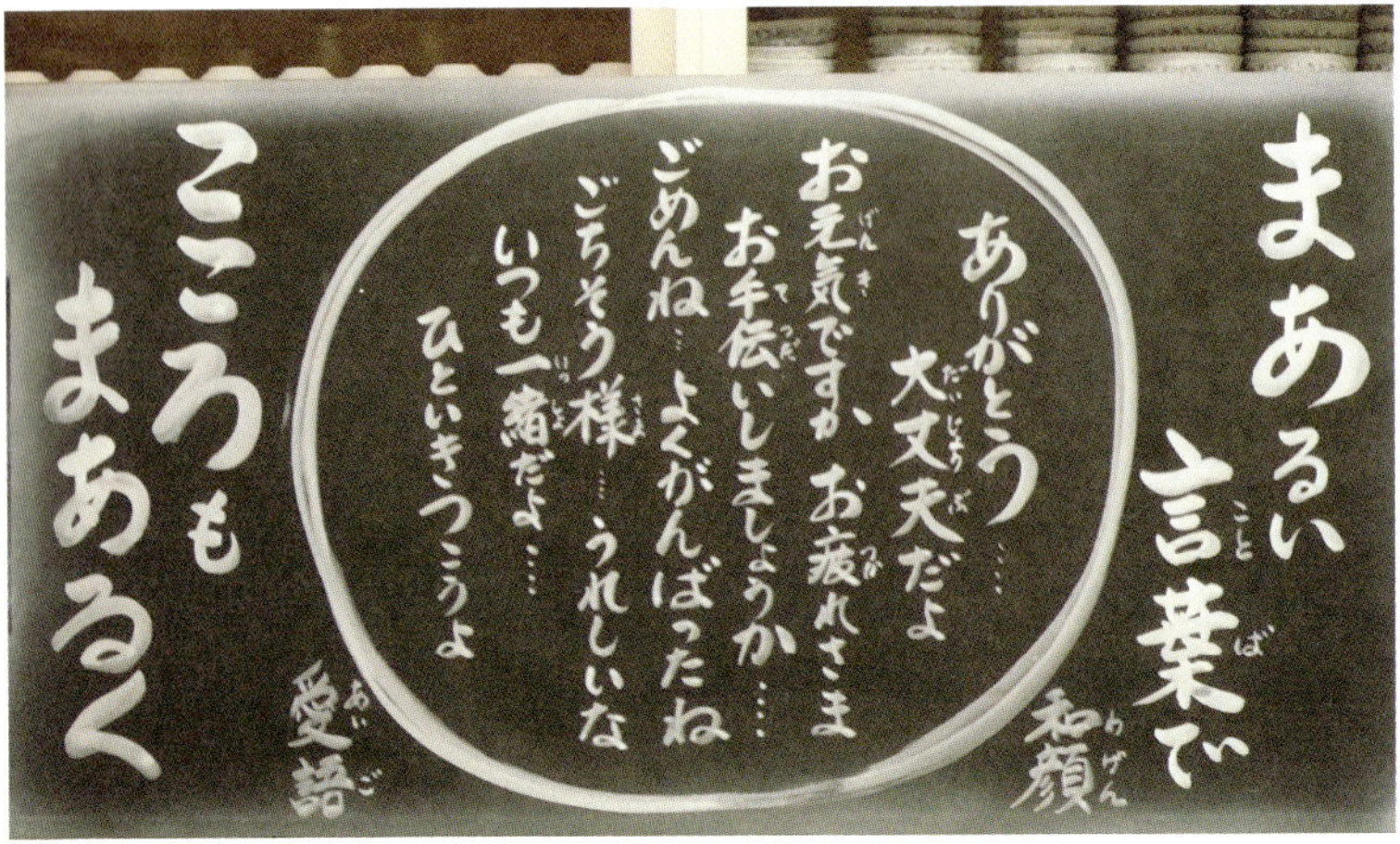

湯川寺（北海道）
投稿者：tousenji_

「和顔愛語《わげんあいご》」は、辞典ではこのように説明されています。

やわらかな顔色とやさしいことば。やわらいだ笑顔をし、親愛の情のこもったおだやかなことばをかわすこと。なごやかな顔、愛情あることばで人に接すること。（中村元著『広説佛教語大辞典／下巻』、東京書籍）

この言葉は『無量寿経《むりょうじゅきょう》』に出てくる言葉ですが、日常の生活、家庭や学校、職場で、いつもこのような態度がとれると最高ですね。ただこのような「和顔愛語」の姿勢を維持するのは難しく、そのためには常に上機嫌であることが求められます。

齋藤孝さんが書いた『上機嫌の作法』（角川oneテーマ21）には、不機嫌さは「能力の欠如を覆い隠すためのものです」とありました。いつも不機嫌な表情をしている人たちにとっては耳が痛いですね。

この本では続けて、「仕事のできる人には、上機嫌な人が多い。本当にできる人は、テンションが高くて上機嫌、一つずつの動作、話すテンポが速いのです」と指摘していました。

そもそも、世の中に一人で完結する仕事などはありません。チームや組織の中で上機嫌でいることは周囲のパフォーマンスを高めることにもつながります。

そのような観点からすると、いつも仏教的な「和顔愛語」の姿勢を保つということは、置かれている環境の中で自己のパフォーマンスを最大限に発揮するための大変有効な作法ともいえるでしょう。

9 「難」あってこそ

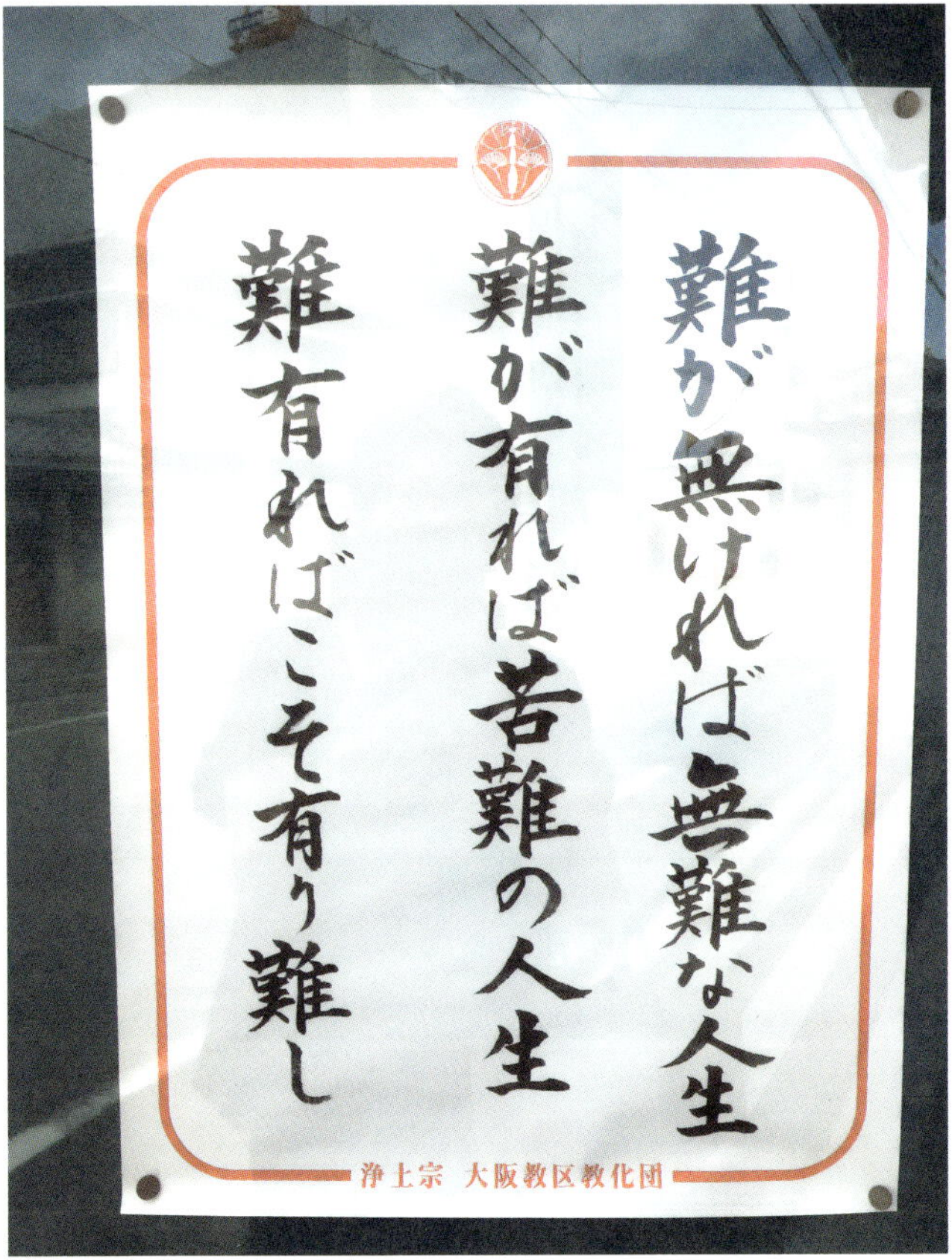

九應寺（大阪）
投稿者：@reymaker

「難」を題材にしたこのテンポのいい標語は、大阪の浄土宗のお寺のものです。

「難」で思い出されるのが提婆達多《ダイバダッタ》。釈迦族出身で、お釈迦さまの弟子でありながら、師に背くこと幾度、ついには大逆人の烙印を押された人物です。

手塚治虫さんの『ブッダ』にも出てきますし、『月光仮面』で有名な川内康範さんの作品『愛の戦士レインボーマン』にも主人公に超能力を授ける役として登場しますので、その名前を耳にしたことがある人は多いでしょう。

そんなダイバダッタを、お釈迦さまは自分がさとりを得るために「難」を作り出してくれる存在として捉えます。「難有ればこそ有り難し」、まさに「有難い」存在だったのです。

昨年お亡くなりになった樹木希林さんも、「難の多い人生は、ありがたい」と、こんなお話をされています。

私は「なんで夫と別れないの」とよく聞かれますが、私にとってはありがたい存在です。ありがたいというのは漢字で書くと「有難い」、難が有る、と書きます。人がなぜ生まれたかと言えば、いろんな難を受けながら成熟していくためなんじゃないでしょうか。(「東洋経済オンライン」二〇一八年九月二十二日)

この記事を読む限り、樹木希林さんは夫である内田裕也さんをダイバダッタのような存在として捉えていたようです。

平穏な人生という意味で「無難な人生」を良しとする気持ちがありますが、「難」を乗り越えていくことにも、人生の喜びが潜んでいます。

「難」に遭っても不幸だとばかり思わずに、試練を乗り越えることの喜びも感じてみましょう。

10

「あんじん」を求めて

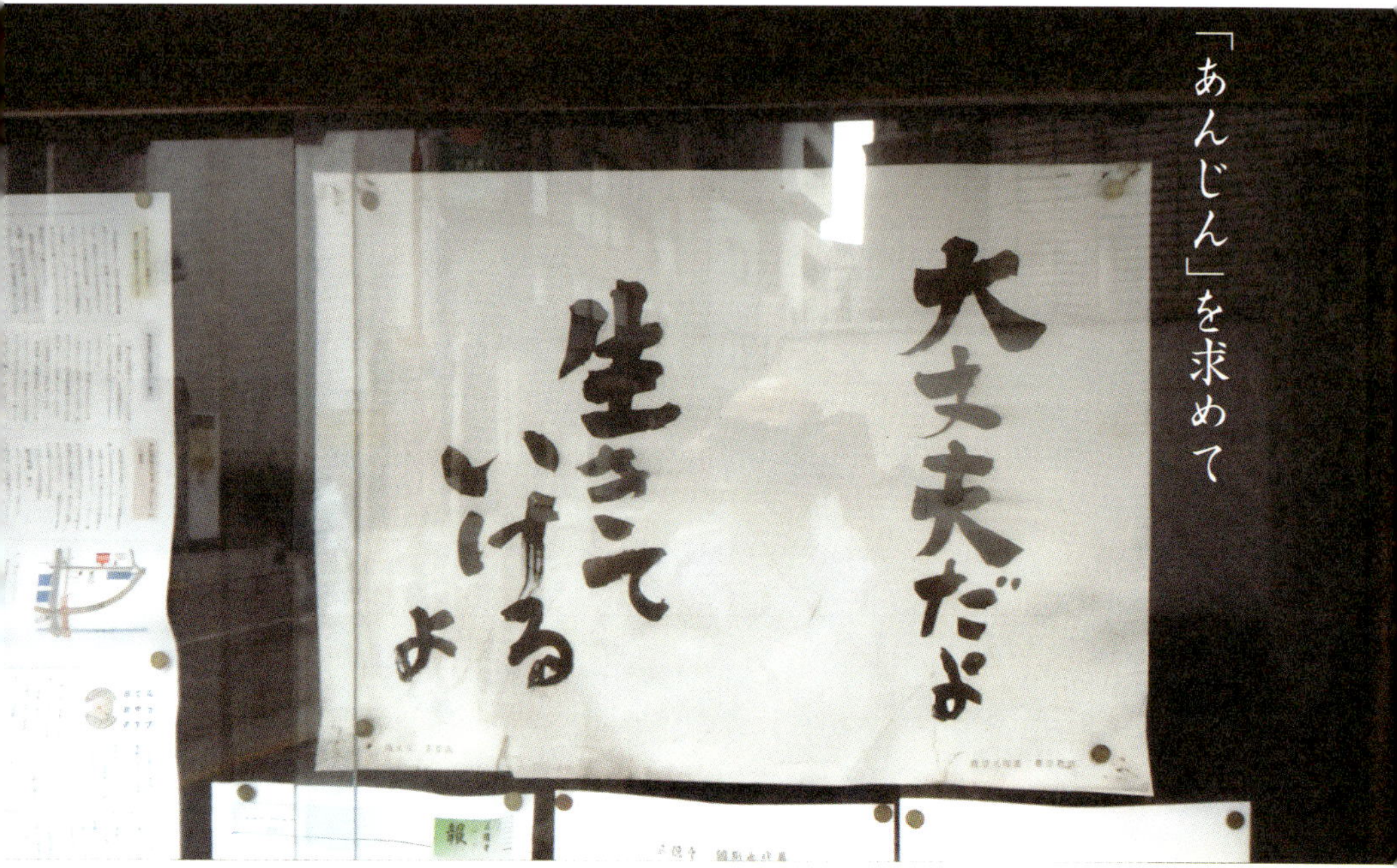

正徳寺（東京）
投稿者：@syaku_rikun

この標語が掲げられたお寺は旧品川宿にあります。ご住職は「掛けかえると、門徒さんから戻してくれと言われてしまい、十年以上掛けかえられない標語です。ある意味、お寺の標語になっています」とコメントされています。

確かに心の奥底が温かくなる素晴らしい標語ですね。

最近、駅のホームで電車を待っていると、「人身事故」という表示を見ることが多く、その都度、気持ちが重たくなります。日常茶飯事のように、人が傷つき、亡くなってしまう。私も何度か事故現場に出くわしたことがありますが、自殺する方の多くは脳裏を何か嫌な記憶が横切ったりして、発作的に飛び込んだりするようです。特に月曜日は人身事故が増える傾向にあります。

「大丈夫だよ　生きていけるよ」

どんなに嫌なことがあっても、常にこの言葉が心の中にしっかりあれば、こうした命が失われることを防げるのではないでしょうか。

人はみな、多くの「不安」を抱えながら生きています。だから「安心」を求めます。仏教では安心と書いて「あんじん」と読みます。「あんしん」と「あんじん」は何が異なるのでしょうか。

それぞれの宗派によって「あんじん」の意味する内容は異なります。主に禅宗系などの宗派では修行によって得られる安定した心の境地、浄土教系の宗派では阿弥陀仏の救いを疑わず、浄土への往生を求めることを一般的に指します。

それらは私たちが求めている刹那的な「あんしん」とは異なり、永続的に心に影響を及ぼすものです。ですから、「あんしん」ではなく、仏教的な「あんじん」を求める生き方をしてみてはいかがでしょうか。

11

お経は〝鏡〟

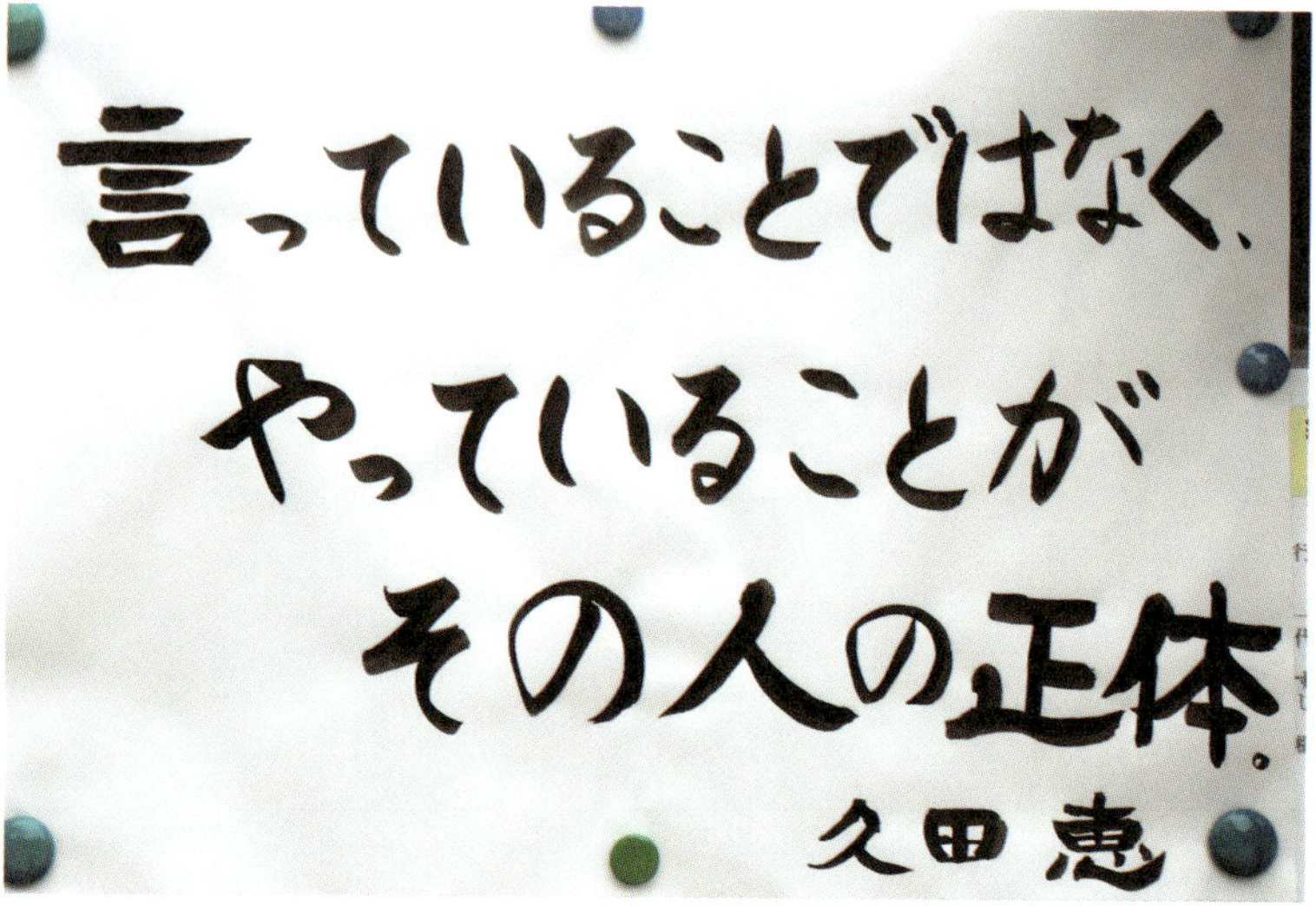

妙円寺（東京）
投稿者：@renkouzan

その通りです。済みませんでした、と思わず謝ってしまうような掲示板です。

これはノンフィクション作家の久田恵さんの言葉です。久田さんが『フィリッピーナを愛した男たち』（文藝春秋）で大宅壮一ノンフィクション賞を受賞したときには四十歳を超えていました。シングルマザーとして息子を育てながら、お母さんやお父さんの介護にも直面。人生における苦労の連続によって人を見る鋭い目が養われたのでしょう。

仏さまの教えはよく「鏡」に例えられます。日蓮聖人の遺文にあたる『開目抄《かいもくしょう》』の中に、「仏法の鏡は過去の業因《ごういん》を現ず」という言葉があります。日蓮聖人は『法華経《ほけきょう》』という鏡に自分の姿を照らしてみて、このような言葉を残されました。

また、中国の善導《ぜんどう》という僧侶も『観経疏《かんぎょうしょ》』という書物の中で「お経は鏡のようなものである」と記されています。つまり、お経（仏さまの教え）は鏡の働きをして、自らの正体を容赦なくあぶりだすものでもあるのです。

私たちは人の悪いところはよく見えますが、自分の悪いところはなかなか見えません。人の非を責めるが、自分の非は責めない。それによって、自分の「言っていること」と「やっていること」がどんどん乖離していきます。言行不一致。それは周囲からの信用を失う原因にもなります。

自分の姿を正確に見るためには「鏡」が必要となります。仏教という「鏡」によって、「自分の正体」を一度よく見てみましょう。

12

人生はわからない

敬覚寺（東京）
撮影者：江田智昭

これは東京都台東区浅草のお寺の標語で、安田理深《りじん》師（一九〇〇～八二）の言葉です。安田理深師は高名な仏教学者で、真宗大谷派の僧侶でした。

人生は「諸行無常」の言葉どおり、それ自体は淡々と流れていくものです。しかし、私たちはさまざまな思い込みを持つことによって、人生の歩みを困難なものにしてしまっています。目の前に起こることすべてをあるがままに受け入れることができれば良いのですが、そうすることがなかなかできず、思いが行き詰まってしまうのです。

安田理深師の自宅が火事にあった時のエピソードを以前聞いたことがあります。隣家から延焼して、学者の命ともいうべき重要な蔵書やノート類がすべて焼けてしまったそうです。普通の人間であれば計り知れないほど大きなショックを受けるでしょう。しかし、安田師はこのように語ったといわれています。

「焼かれた」のでもない。「焼いた」のでもない。ただ「焼けた」と。

そうすると事実を事実のまま受けていけるのではないか。

自も他も損なわんで済む。こんなことを今度の火事で学びました。

火災を他人のせいにして他者を憎むのではなく、自分のせいにして自身を責めるのでもない。目の前に起こった事実を事実のままに受け止めることができれば、確かに自分も他者も損なわれません。

しかし、私たちはある出来事に対するショックが大きければ大きいときほど、それによって自分や他者を損なうような思いにずっと引きずられてしまい、その苦しみから離れることが難しくなります。

仏教に触れたからと言って、都合

よく生きられるわけでは決してありません。好むと好まざるとにかかわらず、生きているとさまざまな災いが必ず降りかかってきます。

先ほどの火災のエピソードの中で、安田師は最後に「学びました」とおっしゃいました。

「学んだ」ということは、おそらく火災直後は少なからずショックを受け、心の中に葛藤があったのだと思います。高僧であっても人間ですから、災難の直後にそれらから逃れられないのは当然のことです。

目の前で起きた辛い出来事を「師」として、そこから学びや対応の仕方を与えてくれるのが仏教なのです。

パナソニック創業者の松下幸之助さんは『道をひらく』（ＰＨＰ研究所）という本の中で以下のように述べています。

> いくつになってもわからないのが人生というものである。世の中というものである。それなら手さぐりで歩むほか道はあるまい。
>
> わからない人生を、わかったようなつもりで歩むことほど危険なことはない。

この世界に生きていると、葛藤や不安が完全におさまることはありませんし、いくつになっても人生のすべてを理解することはできません。災いや不安・葛藤を前にした時、命ある限り仏教にヒントを求めて、謙虚に学びながら人生を歩む姿勢が重要なのではないでしょうか。

13

〝長老〟の条件

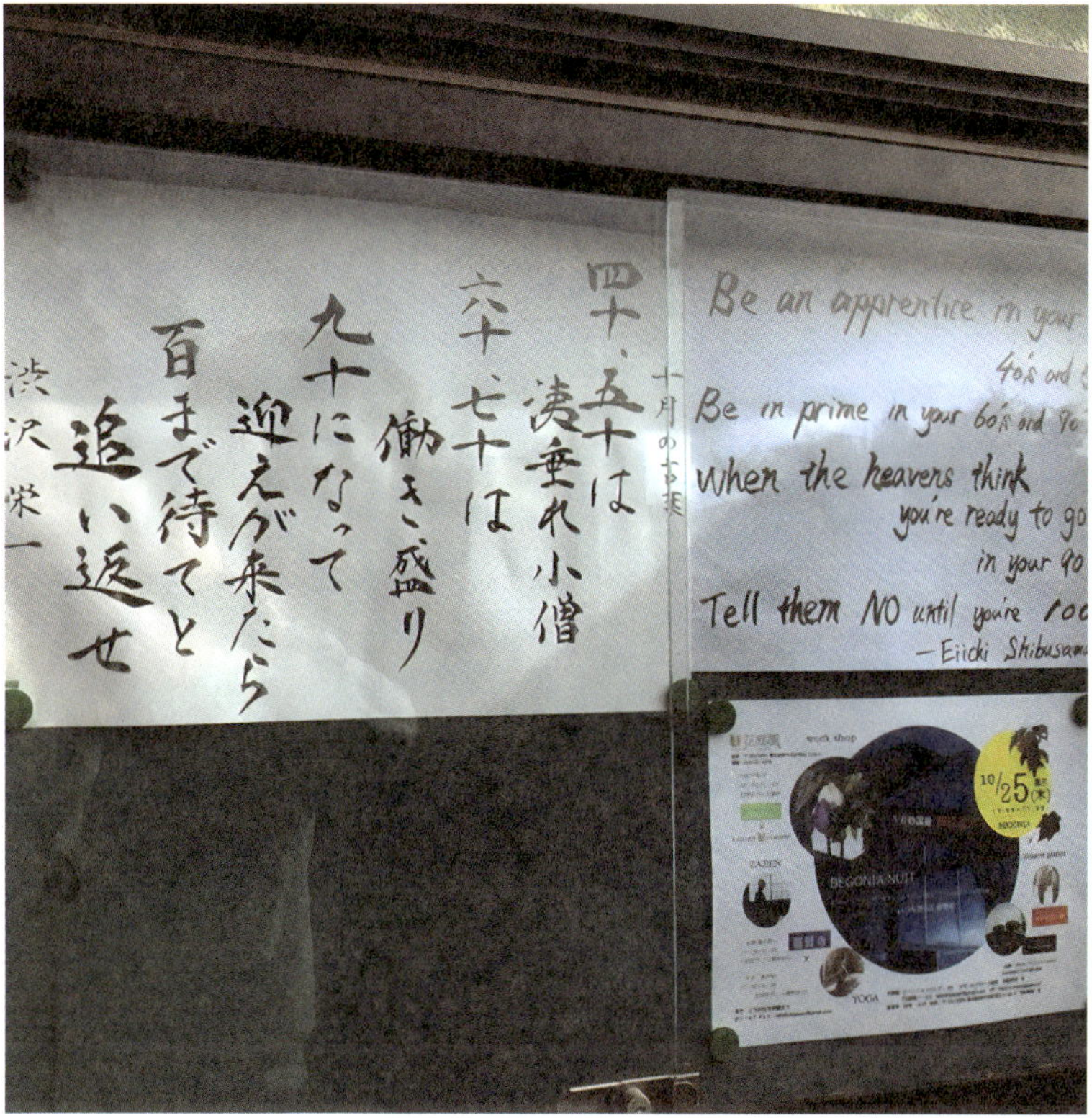

普賢寺（東京）
投稿者：@fugenji

現在は「人生百年時代」と言われています。年金の支給開始年齢引き上げが検討されているためか、勤労者の定年も六十五歳、七十歳と延長されていきそうです。

　ところが日本の仏教界では、六十代、七十代がむしろ働き盛り。私も「不惑」を過ぎた四十代ですが、定年のないお坊さん業界では本当にまだまだ洟垂れ小僧の域です。この標語も「そのとおり」と実感を持って受け止めました。

　一八四〇年生まれで、「日本資本主義の父」とも呼ばれる渋沢栄一は、九十一歳で亡くなるまでの間に、約五百社の設立に関わり、約六百件の社会公共事業に尽力しました。明治期の男子の平均寿命は四十三歳といいますから、その二倍も生きた、とてつもなくエネルギッシュな方だったことは容易に想像がつきます。第二次大戦後ようやく平均寿命は五十歳になりましたから、大正や昭和初期の人々には驚愕をもって受け止められたに違いありません。

　『雑宝蔵経《ぞうほうぞうきょう》』というお経の中に、棄《き》老国《ろうこく》という高齢者を棄てる風習のある国のエピソードが出てきます。

　ある時、棄老国の王が天神に、「二匹の蛇の雌雄を見分けられなければ国を滅ぼす」という難題を突き付けられました。この時、大臣がこっそり隠して養っていた老父が、それまでに蓄えた知識を存分に発揮して国を救ったため、棄老の風習は禁止されたという内容です。

　姥捨ての説話は世界のどこにでもあるようですが、『雑宝蔵経』では人生の経験を重ねた高齢者は多くの知恵を持っているという敬老の説話になっています。

　先月テレビの情報番組を観ていると、六十五歳を超えた人たちを雇う会社の特集を行っていました。高齢者が若い人たちにさまざまな技術や経験をアドバイスするシーンが流れていましたが、高齢者の人々の知恵を積極的に社会に活かすということがもっとあってもよいのかもしれません。今後は「老いる」という概念にも修正が必要となりそうで、「棄老」ならぬ「活老」の時代になりそうです。

しかし、高齢者にもいろいろなタイプの人々がいます。

『法句経』の中には、こんな言葉があります。

　頭髪が白くなったからとて長老なのではない。
　ただ年をとっただけならば「空しく老いぼれた人」と言われる。
　誠あり、徳あり、慈しみがあって、傷《そこな》わず、
　つつしみあり、みずからととのえ、汚れを除き、
　気をつけている人こそ長老と呼ばれる。（中村元訳『ブッダの真理のことば　感興のことば』、岩波文庫）

これは高齢者のみなさんにとっては厳しい言葉かもしれません。あと五年もすれば、日本人の三割が六十五歳以上という超・高齢社会が現実のものとなります。

最近、暴走気味の高齢者の話題を耳にしますが、「空しく老いぼれた人」と言われないような歳の取り方をしたいものです。

14

怨みをすててこそ

あんたが
悪いと
指さした
下の三本は
自分を
向いている
ゆっくりと一枚ずつ
投入してください。

三佛寺（鳥取）
投稿者：@hennnaoiyan

この標語は温泉でも有名な鳥取県三朝町《みささちょう》にある天台宗の古刹、慈覚大師円仁ゆかりの三佛寺《さんぶつじ》境内の自動販売機に掲げられていたそうです。自販機と掲示板が一緒になっているのを初めて見ましたが、なかなか斬新な発想です。

「日本一危険な国宝」とも称される断崖絶壁のくぼみに建てられた奥院「投入堂」は、国宝にも指定されている唯一無二の建築物です。

標語を見ていきましょう。非難する相手に人差し指を突きつけると、折り曲げられた中指、薬指、小指の三本は、どうしても自分の方を向いてしまいます。

実際にやってみると、人を指している指は自分の目からよく見えますが、自分を指している三本の指は意識しないので視界にはあまり入って来ません。

この標語が言わんとするように、この三本の指の存在（自分の悪い部分）に気づかず、怒りに任せて相手を一方的に非難することがありませんか？　質問中に指差されて激怒した大臣もいましたが、ふつうは相手の怒りも増幅するものです。

『法句経』の中に、有名な言葉があります。

実にこの世においては、
怨みに報いるに
怨みを以てしたならば、
ついに怨みの息《や》むことがない。
怨みをすててこそ息む。
これは永遠の真理である。

（中村元訳『ブッダの真理のことば　感興のことば』、岩波文庫）

結局、「自分にも悪い部分はある」という考えを持たなければ、双方の憎しみは増幅するばかりなのです。

15

「敵か味方か」よりも

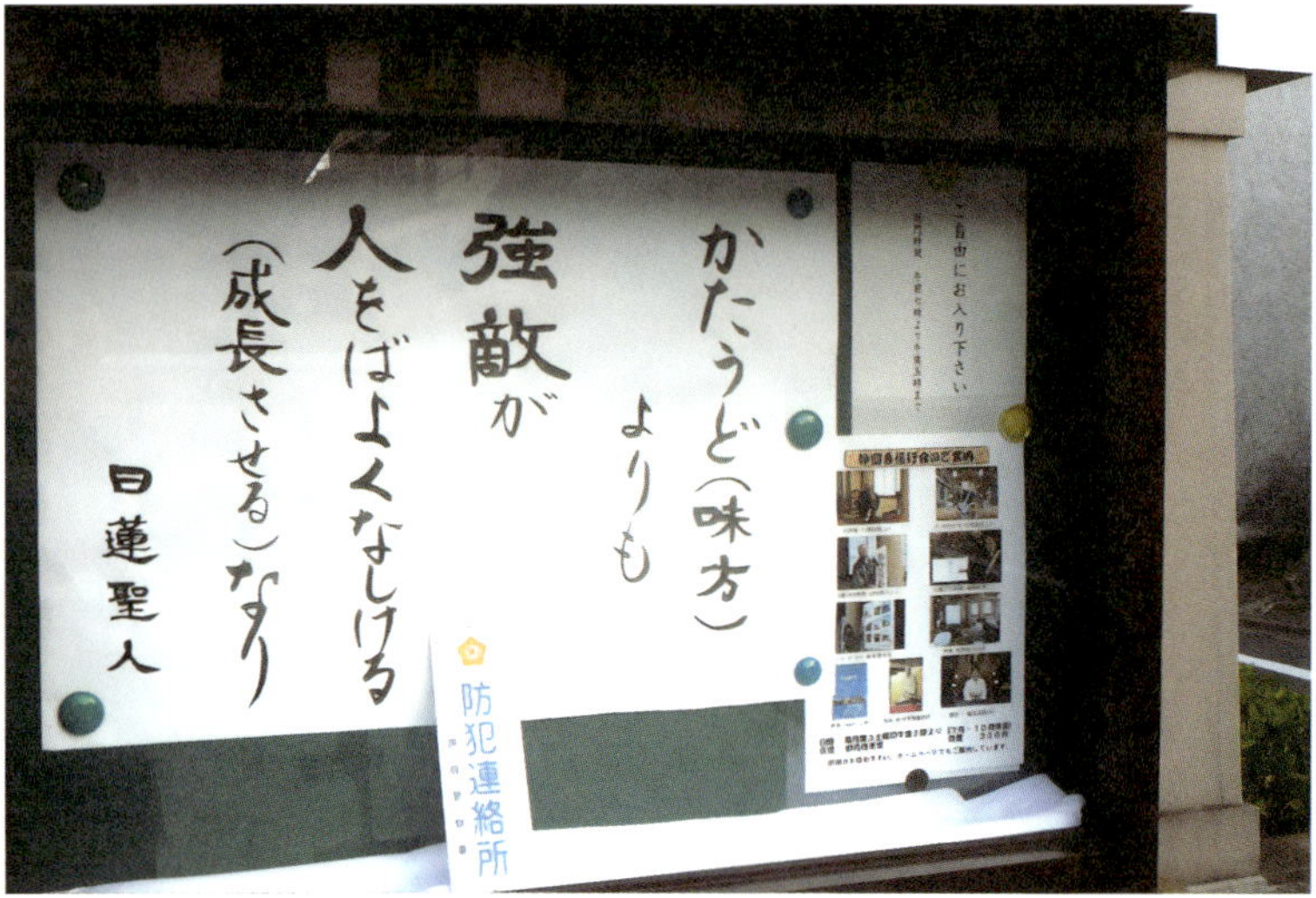
かたうど（味方）
よりも
強敵が
人をばよくなしける
（成長させる）なり
日蓮聖人
ご自由にお入り下さい
防犯連絡所

妙円寺（東京）
投稿者：@renkouzan

東京・原宿にある日蓮宗のお寺の掲示板です。

これは、日蓮聖人の御遺文「種々《しゅじゅ》御《お》振舞御《ふるまいご》書《しょ》」の中の文言です。この書物では『立正安国論』の諫《いさ》めを無視した鎌倉幕府を糾弾し、幾度も味わった法難の様子などが描かれています。

日蓮聖人が指摘されているように、自分を迫害してくるような強敵（恨んでいたり苦手な相手）は自分自身を成長させてくれる存在でもあります。

「一寸の虫にも五分の魂」ということわざもありますが、どんなに間違っている、酷いと思うような相手にも、何らかの理はあるものです。

そもそも、この世には完全な悪など存在しません。自分の心の中で勝手に完全な悪をつくりあげてしまい、相手を徹底的に恨んでしまうと、自分自身が成長できるきっかけを自ら潰してしまうことになりかねません。

『涅槃経《ねはんぎょう》』という経典には「慚愧《ざんき》無き者には、名づけて人と為さず、名づけて畜生《ちくしょう》と為す」と説かれています。これはつまり、「慚愧（はじらいの心）が無いものは、人ではなく畜生（けだもの）である」ということです。

自分の振る舞いを省みず、何の恥じらいも持たない。世の中にはそういう人がたくさんいます。

他人の振る舞いを一方的に非難するのではなく、一度、自分自身の振る舞いを検証してみてください。

そうすることにより他人を客観的に見る冷静さが生まれ、さまざまな人々から学ぶことができるようになるのではないでしょうか。

16

いま、ここ、自分

築地本願寺（東京）
撮影者：江田智昭

この言葉はカナダの精神科医エリック・バーンの言葉です。私たちはさまざまな悩みを抱えて生きていますが、実際に人々の悩みを聞いてみると、悩みの大半は「他人」や「過去」の問題に集中します。自分の力ではコントロールできないこの二つの問題に多くの人々は引きずられて疲弊してしまっているのです。

『中部経典（マッジマ・ニカーヤ）』の中に、次のような言葉があります。

過去を振り返るな、未来を追い求めるな。

過去となったものはすでに捨て去られたもの、

一方、未来にあるものはいまだ到達しないもの。

そこで、いまあるものをそれぞれについて観察し、

左右されず、動揺せずに、それを認知して、増大させよ。

今日の義務をこそ熱心にせよ、明日の死を知り得る人はないのだから。

（中村元監修『原始仏典〈第7巻〉中部経典4』、春秋社）

人生がうまくいっていないときには、過去や未来の世界を心が漂うかのように、無意識のうちに現実逃避をしているものです。

しかし、大切なのは過去でも未来でもなく、現在です。

自分ではコントロールできない「他人」や「過去」の問題をとりあえず脇に置いて、「いま、ここ、自分」の問題に集中する。これが未来をよりよいものにする一つの方法といえるでしょう。

コラム①お寺の掲示板大賞について

「お寺の掲示板大賞」の経緯

「お寺の掲示板大賞」の企画を思いついたときのことを今でもはっきりと覚えています。それは二〇一八年四月、職場である仏教伝道協会で『公募ガイド』という雑誌を読んでいた時のことでした。

ある企画の告知を出すために中身をチェックしていたところ、地方のテレビ局主催の「夏の甲子園県予選応援キャッチフレーズ（標語）募集」という記事が目に留まりました。賞品は五千円分の図書券。そこには入賞した毎年のキャッチフレーズ（標語）が掲載されていましたが、どれも完成度が高いものとは言えませんでした。これぐらいの気軽さだったら、自分たちでも思いつけるのではないかとお茶を飲みながら同僚と標語を考えていたら結構盛り上がり、そのときに「お寺の掲示板標語でやってみると面白いのでは？」というアイデアが頭に浮かびました。これが「掲示板大賞」を立ち上げた、そもそものきっかけです。

それ以前から私は、ネット上のSNSを布教に活用できないだろうかとずっと考えていました。ツイッターやインスタグラムであれば、ハッシュタグ機能を使って全国のお寺の掲示板の写真を集めることができますし、投稿された掲示板の言葉を読むことによって誰でも仏教に触れることができます。

私はすぐに「お寺の掲示板大賞」の企画書を書き上げ、その三か月後の七月一日から企画がスタートすることになりました。

正式タイトルは「輝け！お寺の掲示板大賞２０１８」。「輝け！」という言葉をつけたのは、最近布教の目的で活用されることが減ってきているお寺の掲示板に光が当たって欲しい、という意味合いがありました。

予算は賞金の三万円のみ。広告費がゼロの低予算企画ですから、はじまった当初は当然のことながら投稿が全く集まりませんでした。

それがはじまってちょうど二週間後に、本書の冒頭で紹介した「おまえも死ぬぞ　釈尊」の投稿があり、状況が一変。その投稿に「#お寺の掲示板大賞２０１８」というハッシュタグが付いているのを見て、「一体これは何だ？」と、ネット上がざわつきはじめました。

その投稿の三日後には、ＮＡＶＥＲのニュースで掲示板大賞の投稿作品のまとめが上がり、その二週間後には朝日新聞で掲示板大賞が大きく取り上げられました。

その朝日新聞の記事がネット配信され、いつの間にかYahoo!ニュースのトップに。あれよあれよとさまざまなメディアに取り上げられ、おかげさまで多くの方々に「お寺の掲示板大賞」を知ってもらうことができました。

これからの〝布教〟のスタイル

多くのインタビューを受けましたが、必ず聞かれたのが「なぜお寺の掲示板大賞を立ち上げたのか？」ということでした。

先ほど述べたように、『公募ガイド』を読んだのがそもそものきっかけですが、他にも理由がありました。

近年「お寺離れ」という言葉をよく耳にします。多くのご住職からも「お参りする人が昔に比べるとかなり減った」という話をよく聞きますが、お寺の前を通る人の数は昔とそれほど変わらないのではないでしょうか。

ならば、お寺とその外の境界にある「掲示板」は非常に重要な役割があるのではないか――そう思っていました。掲示板を読むのは、お寺の門徒（檀家）さんだけではありません。最近は掲示板が布教に活用されることが少なくなってきていますが、この掲示板大賞によって「掲示伝道」に力を入れるお寺が増えてほしいという思いがあったのです。

また、私は二〇一一〜二〇一七年までドイツのデュッセルドルフにあるお寺に勤めていましたが、ドイツでは「教会離れ」が深刻な問題になっていて、伝統宗教が抱える問題はどこも同じであることをそのとき痛感しました。

「仏教もキリスト教も宗教者がお寺や教会で一方的に教えを伝える布教スタイルは限界が見えているので、宗教者以外の方々に教えを拡散してもらう方法がないだろうか？」という考えが、ドイツにいる頃から頭の中にはあったのです。

ツイッターでは、共感したお寺の掲示板を「リツイート（拡散）」して広めたり、「いいね」のボタンを押して共感を表すことができます。その点で、ＳＮＳは僧侶以外の人々が仏教を拡散させる最適の場所だと言えるでしょう。

掲示板大賞を企画した背景には、このような発想が根底にあったのです。

二　うまい！

17

「南無」とは何か

龍岸寺（京都）
投稿者：池口龍法

「ナムい心」とはいったい何でしょう。〝ナム〟は「南無」と書きます。「南無阿弥陀仏」「南無妙法蓮華経」の「南無」ですね。

インドの人は合掌しながら「ナマス・テー」とあいさつを交わします。これは「あなたに敬礼します」という意味の言葉です。この「ナマス」が「南無」の元で、「帰依《きえ》します」という意味になります。

ですから、「南無阿弥陀仏」の場合、阿弥陀仏に帰依し、その救いに身をまかせることを意味します。また、それは自分自身よりも大きなはたらきにゆだねることでもあります。救いがまさに自分のためにあると気づき、身をゆだねれば、人生が現世だけのちっぽけなものではなくなり、世界の見え方が全く変わったものになります。たった二字の言葉ですが、「南無」がもたらす力というのは非常に大きなものなのです。

龍岸寺（京都）
投稿者：池口龍法

18

「仏欲」を抱こう

ここでの「仏欲」とは、「仏さまの教えを欲する姿勢」もしくは「仏になろうとする姿勢」です。

仏教では、「欲」というと「貪《むさぼり》」のことであり、決して良い意味として捉えられません。多くの欲は戒められますが、仏教に関心を持ち、仏になりたい（さとりを開きたい）という欲をもつことは素晴らしいこととされます。一般的にさとりを開きたいという欲を「菩提心《ぼだいしん》」と言います。

「仏教」という言葉には文字通り「仏さまが説いた教え」という意味と、もう一つ「仏さまになるための教え」という意味があります。つまり、自分がいかにしてさとりを開き、仏になるかが最大の課題なのです。

そういうわけで、「菩提心」がなければ仏教ははじまりません。「仏欲」＝「菩提心」は仏教徒の基本なのです。

19

命のリレー

龍岸寺（京都）
投稿者：池口龍法

「ご先祖がいなければ、人生はない」――まさに誰も否定しようのない真理です。

計算上では、十代さかのぼると千二十四人、二十代さかのぼると百四万八千五百七十六人の先祖が存在するそうです。想像がつかない数字ですが、いまの自分が存在するためにとてつもなく多くの人々の間で命のリレーが行われたということになります。祖父母や曾祖父母あたりまでしか先祖を知らない人がほとんどだと思いますが、それ以前にも連綿として続いてきた命の歴史があります。

長い歴史を持っているのは当然自分自身だけではありません。周りの人々や動物や植物にも同じような命のリレーがあって、現在存在しているのです。そのことをしっかり覚えておけば、すべてのものを尊重する気持ちを持つことができるのではないでしょうか。

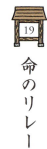

20

お墓参りの意味

ネット上でのつながりはヴァーチャルなものですが、それではものの足らず、実際に面と向かって会ってみようと企画されるのが「オフ会」とよばれるものです。

この標語は、お墓参りという具体的な行為を通して、ご先祖さまとの関係をリアルなものとして感じる姿を切り取っています。まさに今風なご先祖さまとのつながりですね。

命をつないでくださった方々がどのような生き方をし、どのような考え方を持っていたかを探ることは生きる上で非常に重要なことです。

お墓の前に立って、亡き方のメッセージにぜひ耳を傾けてみてください。自分にとって何が大切なものかが見えてくるかもしれません。

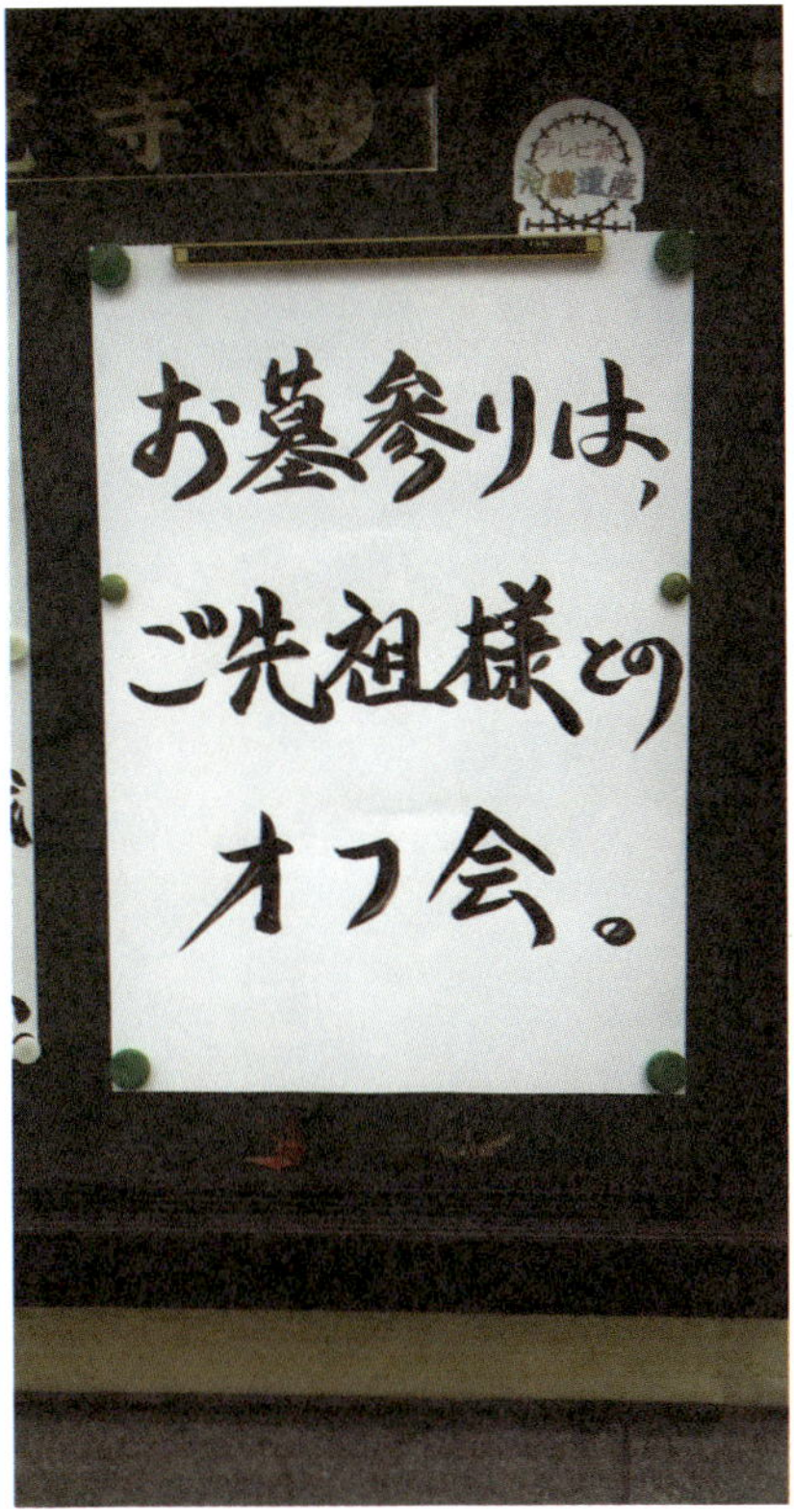

超覚寺（広島）
投稿者：@chokakuji

21

「いい加減」な修行

風呂は湯加減
医者は匙加減
人生は手加減
わたしゃいい加減
さとりとは

円明寺（東京）
投稿者：@carpcat

韻を踏んだダジャレっぽい標語ですが、最後は「さとりとは」という非常に重たい投げかけで終わっています。

お釈迦さまは二十九歳で出家して、さとりを開くために最初は「断食」や「呼吸を止める」などのすさまじい苦行を行いましたが、結局さとりに至ることはできませんでした。その後、スジャータが施してくれた乳粥で体力を回復させ、菩《ぼ》提《だい》樹《じゅ》の下で沈思瞑想することによって、三十五歳のときにさとりを開かれました。

このことから、さとるためには極端な苦行を必要とせず、バランスのとれた修行（「いい加減」な修行）が必要であると言えるかもしれません。

みなさんは、さとりとは何かを考えたことがありますか？

小出遥子さんの『教えてお坊さん！「さとり」ってなんですか？』という本の中で、円覚寺派管長の横田南嶺老師は「私は悟らぬものの代表です」と謙遜しながらもさとりとは何かと強いて言えば、「間違いに気づくということだろうと思いますね」とおっしゃっていました。

仏教というのは気づくことなんです。気づきというのが本質なんですよ。まあ、最近流行のマインドフルネスもね、私はひとつの手段になると思う。呼吸法もひとつの手段になると思う。仏像を拝むこともひとつの手段にはなると思う。でも、究極のところは、その気づきなんです。仏心の中にある、その事実に目覚める、これが本質じゃないかなあ、と思います。

さまざまな仏教書を読んで思うことは、非常に多くのさとり像があるということです。みなさんも追究してみてはいかがでしょうか？

22

「坊主はお経」

大秀寺（東京）
投稿者：@219karate

ジェンダーフリー的な観点からは、男女の性差をあまり強調すべきではないのでしょうが、「男は度胸、女は愛嬌」は誰もが耳にしたフレーズではあります。

最後の「坊主はお経」は僧侶にとっては毎日のお勤めです。みなさんはもっぱら音としてお経に接しているため、法事のときなど時折睡魔に襲われることもあるでしょう。

しかし、お経は物語であり、智慧でもあります。現代語訳されたお経を読むと、実はこういう意味だったのかと、目を見開かれる思いをすることがあります。

そもそも、お経がどのようにつくられたか、ご存知ですか？

インドのお釈迦さまは三十五歳でさとりをひらかれ、八十歳で亡くなられました。四十五年間布教をされましたが、書き言葉で教えを残されることはありませんでした。

そこでお釈迦さまが亡くなった後、お弟子さんたちが集まって会議（結《けつ》集《じゅう》）が開かれます。そこでお釈迦さまの生前の言行の記録をまとめたものがお経なのです。

ですから、ほとんどのお経は「如是我聞」（「このように私は聞きました」）という言葉で始まります。一度、法事の際に僧侶が読むお経に耳を澄まして確認してみてください。

お経の中で日本人に最もなじみのある『般若心経』の中では、「存在」とは何か、それは「空」であるという哲学的な問答が展開されています。また、『阿弥陀経』の中では浄土の世界が広がっています。

世界には無数のお経があります。お経の中身にも興味を持ってみてはいかがでしょうか。

23

紙一重の幸せ

超覚寺（広島）
投稿者：@chokakuji

「辛いという字に一を加えると幸いになる」

何やら暗号のような、最近はやりの「東大生が考えた脳トレ」のような……。掲示板大賞の常連である超覚寺のご住職の話によると、「辛さと幸せは紙一重」と表現したかったようです。

「辛い出来事」を辛いままで終わらせるか、あるいは「幸せな出来事」にするか。それは自分の心次第だということでしょう。

作家の村上春樹さんが『走ることについて語るときに僕の語ること』(文藝春秋)の中で、あるマラソン・ランナーの言葉を紹介していました。

「Pain is inevitable. Suffering is optional.」

日本語に訳すと、「痛みは避けがたいが、苦しみはオプショナル(こちら次第)」という意味になります。

これはつまり、肉体の痛みはどうしようもありませんが、それをただの苦しみとするか、そこから痛みを超えて何かを得るかは自分次第だということです。

以前、よくフルマラソンを走っている同級生が「42・195㎞という距離設定は非常によくできていて、どんな人間でも30〜35㎞地点を過ぎると必ず自分の思い通りに走れなくなってくる」と言っていました。

それを聞いて私は「一切皆苦《いっさいかいく》」、つまり、人生は思い通りにいかないというブッダの教えを思い出しました。私たちは日々を過ごしていく中で、マラソンの35㎞過ぎのように、思い通りにならないトラブルや災難に必ず見舞われます。

トラブルや災難は辛いものですが、そのようなときだからこそ周りのやさしさが身に沁みたり、当たり前と思っていたことが当たり前ではない有り難いことだったと気づかされたりと、学ぶことが数多くあります。

トラブルに遭遇して、辛さの中に閉じこもるか、トラブルを広い視野で見つめて学ぶべきことと受け止められるかは、まさに「オプショナル」、こちら次第です。そして学ぶべきことと受け止められれば、その後の人生が大きく変わっていくのです。

もちろん、トラブルが大きければ大きいほど、辛さに閉じこもる時間は長くなり、視野を広げるには多くの時間を要します。

しかし、災難を単なる災難として終わらせず、そこから数多くのことを学ぶことによって、それが単なる「辛い」ではなく人生に新たな視点を与えてくれる「幸い」になってくるのです。

古代ギリシアの哲学者ヘラクレイトスの言葉に以下のようなものがあります。

「上り坂と下り坂はひとつの同じ坂である」

坂は、ただの坂にすぎません。人生のゴール（死）を迎える時にならないと、そのときに自分が置かれている状況が自身にとって、「上り坂」であったか、「下り坂」であったかはわからないものです。

現在の自分の置かれている境遇を短絡的に「幸」や「不幸」と決めつけず、できるかぎり前向きに捉えて生きていきたいものです。

24

「のぞみ」と「ひかり」

のぞみは
ありませんが
ひかりは
あります
新幹線の駅員さん

本妙寺（千葉）
投稿者：honmyoji.ichikawa

この標語は、心理学者の河合隼雄さんの逸話に基づくもので、名言集にも載っている言葉です。

新幹線の駅員さんに、「のぞみはもうありません」といわれて絶句した河合さんは、その後に「ひかりはあります」といわれ、「なんと素晴らしい言葉だ！」と感激されたそうです。

駅員さんは、「のぞみは終わり、ひかりならまだあります」と事実を述べただけなのでしょう。終電近くならありうる話です。

普通の人なら「そうですか。仕方ないな」で済ませるところでしょうが、こうしたなにげない言葉に、河合さんは感銘を受けました。

それはなぜか。患者さんから自殺をほのめかすような切羽詰まった電話を受けていたから、らしいのです。

学会で出張していた河合さんは、自分が駆け付けたからといって何ができるのかと思いながらも、とにかく夜遅い時間の新幹線の切符売り場に来た。そこで耳にした駅員さんのこの言葉に希望を見出したのでしょう。

仏教的に解釈すると、私たちが「のぞみ」を失っても、仏さまの「ひかり」は私たちを照らしています、と受け取れます。

仏さまのさまざまな智慧《ちえ》や慈悲のはたらきは「ひかり」と表現されます。それに対して、私たちはみな「無明《むみょう》」とよばれる大きな煩悩の闇を抱えています。

普段はなかなか仏さまの光の存在に気づきませんが、私たちの煩悩の闇を仏さまの智慧や慈悲の光は常に照らしているのです。

25 初心をいつまでも

　掲示板に自動車の「初心者マーク」が一緒に掲げられています。要は、お寺の前にこれが落ちていました、というお知らせなのですが、それを他の人のこころにも響くようにしているところが一味違います。

　みなさんも自分の「初心」をどこかに落としてはいませんか？


　初心という言葉を初めて使ったのは世阿弥といわれています。『花鏡《かきょう》』という伝書に「初心忘るべからず」と書き残しました。それも三度繰り返す形で。曰く「是非の」「時々の」「老後の」と。

　これはつまり、「若いとき」「人生の時々」「老後において」、人生にはいくつもの初心があるということです。この言葉を忘れず、どんな に齢を重ねても常に初心を持っていたいものです。

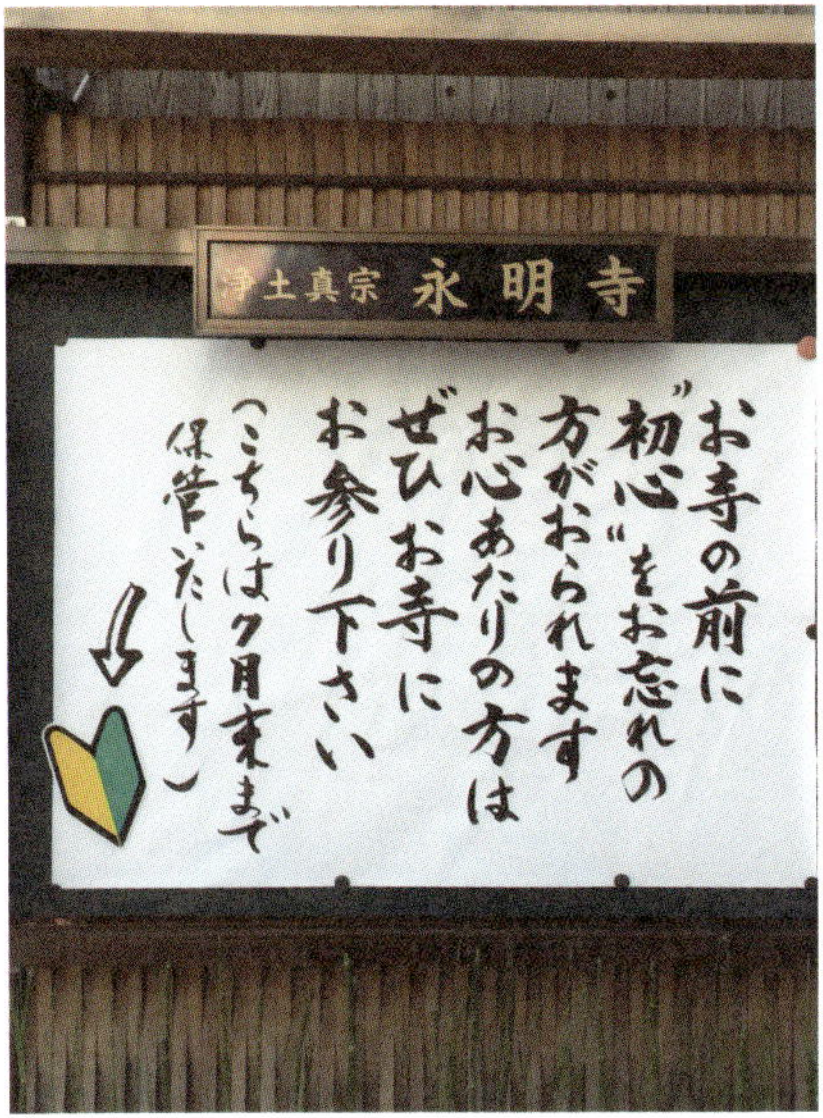

永明寺（福岡）
投稿者：@matsuzakichikai

26

「カモン、ベイビー ゴクラク」

正宣寺（大阪）
投稿者：@shosenji_web

「C'mon, baby アメリカ」ならぬ、「C'mon, baby ゴクラク」。実はこの正宣寺以外からも、DA PUMPの大ヒット曲「U.S.A.」に関連した投稿が届いていました。

「一体なんのことやら?」と思われる方もいると思うので、説明させていただきます。DA PUMPが二〇一八年六月六日に「U.S.A.」という曲をリリースし、YouTubeにアップされた「U.S.A.」の再生回数は一億八千万回を突破。年末には紅白歌合戦にも出演。「カモン、ベイビー アメリカ」というサビが非常に耳に残り、良い意味でちょっと中毒性のある曲です。

このサビのフレーズを意識してつくられたのが、今回の掲示板「C'mon, baby ゴクラク」。内容を簡単に説明すると、「阿弥陀仏が西方(ウェストワード)の遥か彼方にある極楽浄土(阿弥陀仏のcountry)から、『こちらに来い(カモン、ベイビー)』と呼びかけてくださっている」ということです。

極楽浄土は阿弥陀仏が建立した国で、『阿弥陀経』の中では浄土の素晴らしさが説かれています。しかし、安らかで清らかなお浄土にいらっしゃる阿弥陀仏から「カモン、ベイビー」といくら呼び掛けられても、私たちは苦しみが存在するこの世界にどうしても愛着を感じてしまいます。

親鸞聖人は『歎異抄』の中で、急いで浄土に行く気持ちが起こらず、恋しいとも思えないのは煩悩のしわざであると説かれています。

27

救いから逃れられない

雲西寺（大分）
投稿者：@9Gz3yxE34eVnpNP

「カモン、ベイビー ゴクラク」といつも私たちに呼び掛けてくれている阿弥陀仏ですが、阿弥陀仏のお慈悲の救いは「背いて逃げるものを、どこまでも追いかけて迎えとる」はたらきをもっています。このような阿弥陀仏の救いのはたらきの性質を「摂取不捨《せっしゅふしゃ》」といいます。

昔から浄土真宗では教えを深く理解している熱心な信者を「妙好人《みょうこうにん》」と呼びますが、妙好人がこの「摂取不捨」を説明したエピソードがあります。

江戸時代の後期、讃岐の国に庄松《しょうま》さんという妙好人がいました。

ある日、庄松がお寺に泊まっているときに「摂取不捨とはどういうところじゃ」と住職から尋ねられました。すると、庄松はいきなり立ち上がり、「それはこういうことじゃ」と叫び、両手を広げて住職につかみかかろうとしました。びっくりした住職はその場を逃げ出し、お寺の中を逃げ回りますが、庄松はどこまでも追いかけてきます。気味が悪くなって、住職は部屋を閉めて隠れました。しかし、あとを追ってきた庄松がそれに気づき、戸を開けるなり、部屋いっぱいに両手を広げると、逃げ場を失って小さくなっている住職にこう言いました。

「もう逃げ場はないぞ。摂取不捨とはこれなり」

その時にはじめて住職は逃げまくる私を追い詰めて捨てないのが阿弥陀仏の救いのはたらきだと気づき、庄松にお礼を言ったそうです（梯實圓『妙好人のことば』〔法蔵館〕を要約）。

わかっていただけましたか？ 救いのはたらきからは「もう逃げられん」ということなのです。

28

仏さまは見ている

心の中にやましさや後ろめたさを隠していない人もいないでしょう。とりわけ「ばれているぜ」――いきなりこうお寺さんから指摘されると、何のことだろうかと、後ろめたい記憶の一つや二つが脳裏に浮かび、嫌な汗が出てきそうです。

では誰に「ばれている」のか。ご住職？　いいえ、仏さまに、です。仏さまはお寺の本堂や仏壇の中だけにいるのではありません。どこにでもいて、あなたの行いを見ています。

それを「ばれているぜ」と表現したのは実にうまいですね。

六三頁で妙好人の庄松さんの話をしましたが、ここでも庄松さんのエピソードをひとつ。

庄松があるお寺へ参詣した時に住職さんがおそらくからかい半分に、

「うちの御堂のご本尊（仏さま）は生きてござろうか」と言うと、庄松は、

「生きておられるとも、生きておられるとも」

「生きているのに、物を言われぬではないか」と返したとき、庄松は、

「ご本尊様が、ものを仰せられたら、お前らは、ひとときもここに生きておられぬぞ」と言ったので、住職はふるえあがったそうです。（同前）

自分がいままでに犯してきたやましいことや後ろめたいこと、すべてを仏さまに話されたら確かに震え上がってしまいますね。たとえ他人が見ていなくても、仏さまにはすべて「ばれているぜ」ということを忘れないようにしましょう。

雲西寺（大分）
投稿者：@yuma.saya.love.tibi2

29

無限の電波

浄覚寺（福岡）
投稿者：@jokakuji.temple

この掲示板の写真を投稿されたご住職によると自信作で、「以前、掲示板の言葉として投稿したら、翻訳して海外までシェアされていました」とのことです。

浄土真宗のお寺からの投稿ですから、阿弥陀仏の慈悲はどこにでも届いていることを表しているのでしょう。

掲示板が豚骨ラーメン屋の前にあるところが、いかにも福岡らしいですが、実は私も福岡の浄土真宗のお寺の出身です。

個人的な話で恐縮ですが、二十代の頃、三年間ほど福岡にある実家のお寺に勤めていて、そのあと東京に出てきたのですが、上京するときに近所のお寺のご住職がわざわざ餞別をもってきてくださいました。私は厚くお礼を言って、お餞別の袋を開けたところ、袋にこのような言葉が書かれていました。

「どこでもお慈悲の中」

この言葉を読んで、心が非常に温かくなりました。これは東京に行っても常に仏さまのお慈悲の中にいることを忘れるなという私へのメッセージだったのです。この言葉がその後の私にとって人生訓のようになっているのですが、浄土真宗でお勤めをする『正信偈《しょうしんげ》』の中にも、「仏の大いなる慈悲のひかりは、いつでもどこでも私を常に照らしていてくれる」とあります。まさに「圏外なし」ですね。

仏さまの慈悲はケータイの電波のように全く目には見えません。現在、多くの人々は見えているものだけを信用する傾向にありますが、目には見えないものも大切にする生き方をしたいものです。

30
お釈迦さまの遺言

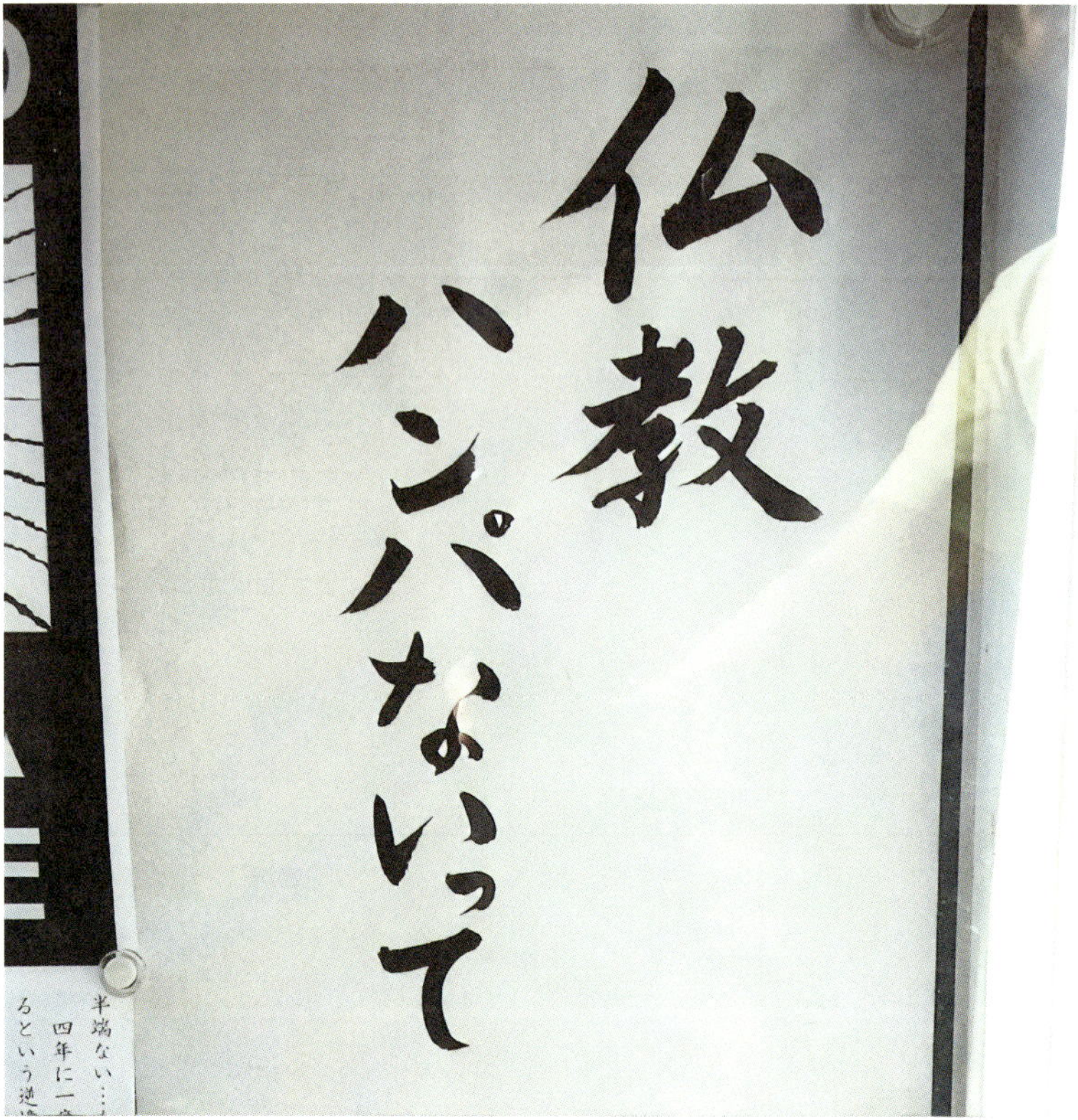

眞光寺（大阪）
投稿者：@shinkouji_

二〇一八年の流行語大賞にノミネートされた「大迫半端ないって」。同年に行われたロシア・ワールドカップの初戦、対コロンビア戦で、決勝ゴールを決めたサッカー日本代表の大迫勇也選手をたたえた言葉ですが、元々はその九年前、全国高校サッカー選手権大会での活躍に対して発せられた言葉でもあります。

仏さまの教えはハンパなく素晴らしく、ハンパなくたくさんあります。

ここでは、お釈迦さまがお弟子さんたちへの最晩年の説法で発せられた教えを紹介したいと思います。それは『大パリニッバーナ経（大般涅槃《だいはつねはん》経《ぎょう》）』の中に残されています。

> この世で自らを島とし、自らをたよりとして、他人をたよりとせず、法を島とし、法をよりどころとして、他のものをよりどころとせずにあれ。（中略）もろもろの事象は過ぎ去るものである。怠けることなく修行を完成なさい。（中村元訳『ブッダ最後の旅――大パリニッバーナ経』、岩波文庫）

つまり、「自らと法（仏の教え）を拠りどころにしながら、この無常の世界を怠けることなく生きていきなさい」――これがお釈迦さまの最期の教えです。

この教えに対する解釈はいまでもさまざまなのですが、仏教に毎日触れながら、その意味を考え続けるということが大切なのではないかと思います。

コラム②お寺の掲示板大賞の裏側

投稿作品の傾向と審査の裏側

「掲示板大賞に投稿された作品に何か傾向がありますか？」という質問をいままでに数多く受けました。

全体的に浄土真宗・浄土宗・日蓮宗の寺院のものが非常に多く、禅宗系は極端に少ない傾向にあります。禅宗では「不立文字」という言葉があるように「言葉」より「坐る」ことに重きをおく姿勢がありますので、それが表れているのかもしれません。個人的には禅宗系のお寺の掲示板をもっと取り上げてみたかったので、ちょっと残念ではありましたが。

掲示板大賞には約七百作品の投稿があり、審査する際には短期間ですべての作品を見なければなりません。様々な仏教系メディアの賞も設置したので、それぞれの関係者にも全作品をチェックしてもらいました。興味深かったのは、大量の掲示板標語を読んでいると、「何が有難いのか、だんだんわからなくなってきた」と、みなさんがぼやいておられたことです。私も毎日大量の掲示板の写真を見ていましたので、その気持ちはよく理解できました。

仏教にはさまざまな教えがありますので、それらを一気に読んでしまうと、自分の価値観が揺らいでしまって、何が正しく、何が有難いのかよくわからなくなってくるのです。ちなみに私は、こうした状態になることを、「ランニングハイ」ならぬ「掲示板ハイ」と勝手に呼んでいます。

「はじめに」でも書いたようにお寺の掲示板の標語はそのお寺のご住職や関係者が一生懸命考えて、心を込めて書かれた言葉です。多くの作品を一気に読むのではなく、一つ一つの作品をじっくり味わいたいものです。

掲示板大賞を盛り上げた「常連さん」

ここでは掲示板大賞に頻繁に投稿いただき、受賞された三名の僧侶を紹介させていただきます。

一人目は京都府の浄土宗龍岸寺のご住職である池口龍法さん。本書でも「NO ご先祖、NO LIFE」など、ユニークな三作品を紹介いたしましたが、池口さんは「フリースタイルな僧侶たち」というフリーマガジンを創刊したり、アイドル「てら＊ぱるむす」をプロデュースするなど、大変多彩な活動をされています。

二人目は福岡県にある浄土真宗本願寺派永明寺のご住職松崎智海さん。掲示板大賞では門前に落ちていた初心者マークを使用した掲示板（五九頁）で賞を受賞しましたが、それ以外にもハロウィンの時期に「Happy Halloween ではなく、Happy Howrin（法輪）」という掲示板写真も投稿、大きな話題を呼びました。現在「最もバズらせる住職」といっても過言ではないでしょう。

最後は掲示板大賞に最も多く投稿された広島県の真宗大谷派超覚寺のご住職和田隆恩さん。投稿作品は四か月の間に三十作品を超え、

「掲示板職人」の異名を持つ和田さんですが、期間中は三〜四日に一度は掲示板の言葉を書き換えていたそうです。お寺では通常一か月に一回くらいのペースで掲示板の言葉を書き換えますので、これは異常なハイペースと言えます。

本書ではタモリさん（八九頁）や松山千春さん（八三頁）の言葉など複数の作品を紹介いたしましたが、仏教の教えに関連すると思われる著名人の言葉を使用するのが和田作品の特徴の一つと言えるでしょう。

二〇一九年一月には、中国新聞で和田さんのお寺の掲示板標語と「掲示板大賞」が大きく取り上げられました。

その二か月後。その記事を読んだ女性からの一通の投書が同じ中国新聞に掲載されました。深刻な病気にかかって、和田さんのお寺の近くの病院に通院していた女性が和田さんの書く掲示板の言葉を読んで、いつも勇気づけられていたという内容でした。その投書の最後はこのような言葉で締めくくられていました。

いつまでも続けていただき、心の支えであってほしい。私はあなたの文章と出合って強くなれた。生きる尊さを学んだ。

掲示板の言葉が女性の心に強い影響を与えていたことを知り、胸が熱くなりました。たかが掲示板、されど掲示板。お寺の掲示板の重要性を改めて和田さんから学ばせていただきました。

三　あの人の、あの言葉

31

樹木希林の死生観

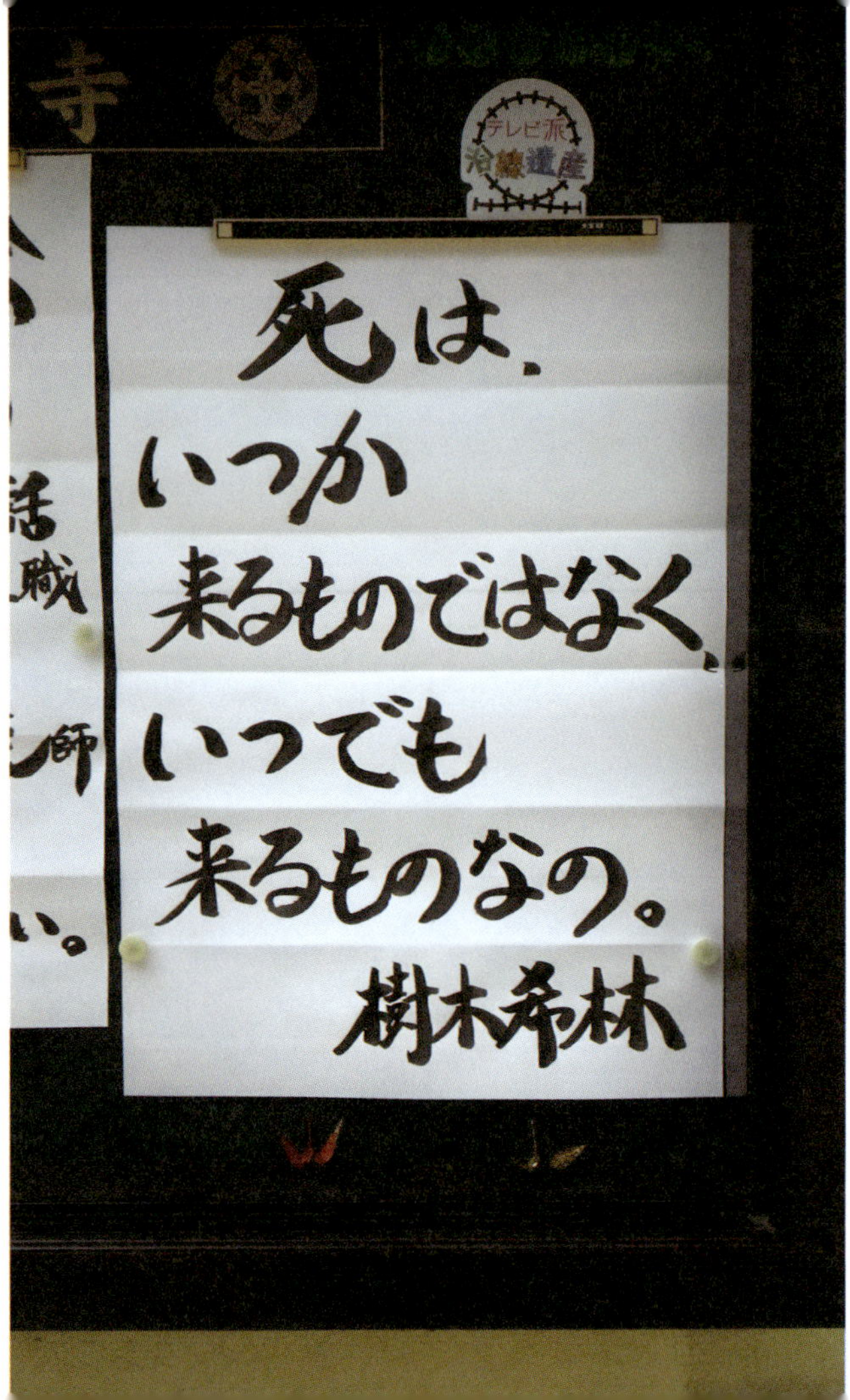

超覚寺（広島）
投稿者：@chokakuji

二〇一三年、日本アカデミー賞最優秀主演女優賞受賞のスピーチで、癌が全身転移したことを公表した女優の樹木希林さん。それから亡くなるまでの約六年間に数多くの作品に出演しましたが、最後の出演作品は『日日是好日《にちにちこれこうじつ》』という作品でした。

ちなみに、「日日是好日」は禅語の一つで、どんな日であっても、とらわれを離れてありのままに生きれば、毎日は新鮮で最高にいい日だという意味です。希林さんは、全身に痛みが走ることもあったでしょうが、自然体のまま最後まで仕事を全うされました。彼女が雑誌「ＡＥＲＡ」で語った死生観にはとても仏教的な考え方が詰まっています。

――「死をどう思いますか」なんて聞かれたって、死んだことないからわからないのよ。

（中略）死はいつか来るものではなくいつでも来るものなの。

これはまさに諸行無常に基づく考え方です。私たちは、自分が死ぬことを自覚したとき、初めて自分の本当にやりたいことが見えてくるのかもしれません。

樹木希林さんは二〇一八年九月に亡くなられました。葬儀の場で娘の也哉子さんが希林さんの以下の言葉を紹介しています。

「おごらず、人と比べず、面白がって、平気に生きればいい」

これが希林さんの人生訓だったようです。死がいつ自分に訪れるかは誰にもわかりません。だからこそ、一日一日をこの言葉のようなスタンスで生きたいものです。

32

アンパンマンと「無財の七施」

浄土真宗 永明寺
本当の
正義の
味方は
戦うより先に
飢える子どもに
パンを分け与えて
助ける人だろう
やなせたかし

永明寺（福岡）
投稿者：@matsuzakichikai

「本当の正義の味方は」と始まるこちらの標語は、アンパンマンの原作者やなせたかしさんの言葉です。何を語りかけているのでしょう。

　アンパンマンはお腹を空かせた人、貧しい人がいると、自分の頭をちぎって食べてもらいます。やなせたかしさんは、従軍中に、飢えや空腹に苦しむ人を見て、自らもひもじい体験をしました。そのときの思いがアンパンマンというヒーローの姿に結実しています。これはキリスト教的な自己犠牲のあり方にも通じるものがあります。

　自分のものを分け与えることを仏教的に言うと、布《ふ》施行《せぎょう》ということになります。「お布施」というと、法事のときに僧侶に手渡すおカネという意味がいまでは一般的になりつつありますが、本来はそうではありません。

　みなさんは「無財《むざい》の七施《しちせ》」という言葉を聞いたことがありますか?

　これはお金をかけずに誰にでもできる「お布施」のことです。

　実は永明寺さんが投稿された別の掲示板の中で、「無財の七施」がわかりやすく紹介されていました。

　カッコの中に元の漢語を入れておきますが、「優しいまなざし」(慈眼《じげん》施《せ》)、「優しい笑顔」(和顔悦色施《わげんえつじきせ》)、「優しいことば」(言辞《ごんじ》施《せ》)、「誰かのために」(捨身施《しゃしんせ》)、「思いやりをもって」(心慮施《しんりょせ》)、「ゆずり合って」(床座《しょうざ》施《せ》)、「居場所をつくる」(房舎施《ぼうしゃせ》)。

　どうでしょうか?

　七施の基底にあるのは、思いやりの心を持って人と接するということです。まずはまなざしや笑顔、言葉から、気を配ってみませんか。

33

明石家さんまの人生哲学

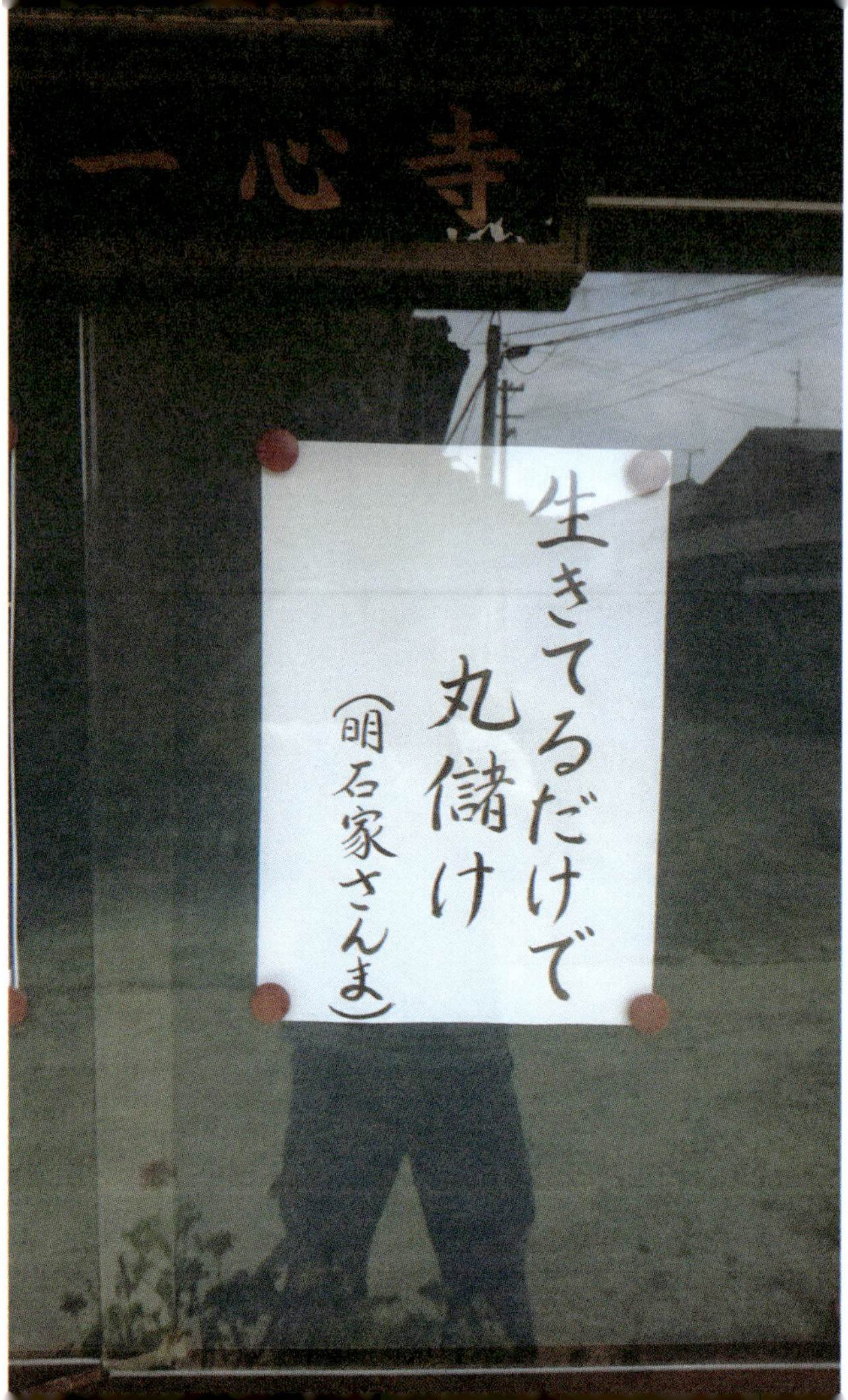

一心寺（香川）
投稿者：@masa480401

日本のお笑いＢＩＧ３の一人、明石家さんまさんを知らない人はいないでしょう。

　彼の座右の銘で、色紙にもよく記していたという言葉が、この「生きてるだけで丸儲け」です。

　丸儲けというと、「坊主丸儲け」のように揶揄する言葉にも聞こえますが、さんまさんはなぜこの言葉を座右の銘としたのでしょうか。

　一九八五年に日本航空１２３便が墜落事故を起こし、五百二十名が犠牲になりました。この便にさんまさんも搭乗予定だったそうですが、収録が早く終わり、一便早めたため、同便に乗らずに済んだそうです。

　「生きてるだけで丸儲け」という言葉には、さんまさんが心の底から感じている気持ちがあらわれているのでしょう。大竹しのぶさんとの間に生まれた「いまる（芸名ＩＭＡＬＵ）」さんの名前もこの言葉から取られているそうです。

　誰しも人生の中でうまくいくこと、うまくいかないこと、さまざまなことを経験します。さんまさんは「生きてるだけで丸儲け」という言葉を何万回とファンのために書き続けることによって自分自身へ暗示をかけていたのではないかと思います。

　この考え方が自分の身体の中に完全に浸透すれば、すべてのことが当たり前でなくなります。このことにより、どんな状況に置かれても幸せな気持ちで生きていくことができるのです。

　さんまさんは、若手の頃の経済的に恵まれていなかった時代を自虐的なネタにすることがあります。彼の名言に、「人間生まれてきたときは裸。死ぬ時にパンツ一つはいてたら勝ちやないか」というのがあります。

　禅には「本来無一物」という言葉があり、相国寺（京都）の有馬頼底老師が、以前あるテレビ番組で「本来無一物」を説明する際に、このようにおっしゃっておられました。

「本来自分のものだと、『おれが』とか、『これは私のものだ』という執心、これがさまざまな形で人間を阻害しております。本来何一つ持って生まれたわけではなく、何一つ持って死ぬわけじゃない。これさえしっかり胸におさめておれば、ほんとに素晴らしい生き方ができるんじゃないか。これが禅の生き方なんですね」

この言を踏まえると、さんまさんの二つの言葉はまさに禅的な雰囲気を帯びていると言えるのではないでしょうか。「命一つ、パンツ一つでも」という彼の幸せへの目線の低さが、四十年近く続く人気の秘密なのかもしれません。

さんまさんは師匠である故笑福亭松之助さんに深く影響を受けました。

先日、松之助さんの本を読みましたが、かなり仏教に造詣が深かったらしく、仏教の言葉が散見されました。

「内山興正老師（曹洞宗僧侶）の本を読んでいるうちに、人間は『生かされて生きている存在である』ということを教えられました。えらそうな顔をしていても、空気がなければ生きられません。水がなければ生きては行けぬのです。つまり天からの授かりもので生かされているのです」

（笑福亭松之助『草や木のように生きられたら』ヨシモトブックス）

さんまさんの考え方はこのような松之助師匠の価値観から影響を受けたのでしょう。本当に心豊かな人間は、どんなに小さなことに対しても感謝の気持ちを覚えるものです。

幸せになるための人生哲学を語り、自分でも実践し、人々を笑いの渦に巻き込む。明石家さんまさんは、やはり天才だと思います。

34

石原裕次郎の名言

人の悪口は
絶対に口にするな
石原裕次郎
大施食会《おせがき》
八月九日
午後四時〜

鳳林寺（静岡）
投稿者：@holyji

これは、昭和の大スター、石原裕次郎さんの名言です。裕次郎さんは名言録が残るほど、心に沁みる言葉を残しています。

「人の悪口は絶対に口にするな」

「まあ止めておいた方がいいよ、特に本人の目の前では」くらいの受け止め方をするのが普通の人ですが、これを「絶対にするな」と禁ずるのが大スターたるゆえんです。ちなみにこの言葉は、「ひとにしてあげたことは、すぐ忘れろ。ひとにしてもらったことは、絶対忘れるな」と続きます。

仏教には、「十善戒《じゅうぜんかい》」という教えがあり、その中で口（言語）に関する戒が四つあります。嘘をつかない「不妄語《ふもうご》」、二枚舌を使わない「不両舌《ふりょうぜつ》」、悪口を言わない「不悪口《ふあっく》」、無益なおしゃべりをしない「不綺語《ふきご》」といった具合です。

また、『スッタニパータ』という経典の中でも「悪口」に関する以下のような文言があります。

> 人が生まれたときには、実に口の中に斧が生じている。愚者は悪口を語って、その斧によって自分を断つのである。（『スッタニパータ』第六五七偈）

悪口は相手に向けて発していると思っているかもしれませんが決してそうではありません。それによって一番傷ついているのは実は発している本人なのです。悪口は相手と自分自身を切ってしまうので、悪口をいつも言っている人は自己肯定感が低くなる傾向にあります。

まさに「口は災いのもと」です。くれぐれも言葉には注意しましょう。

35 松山千春のメッセージ

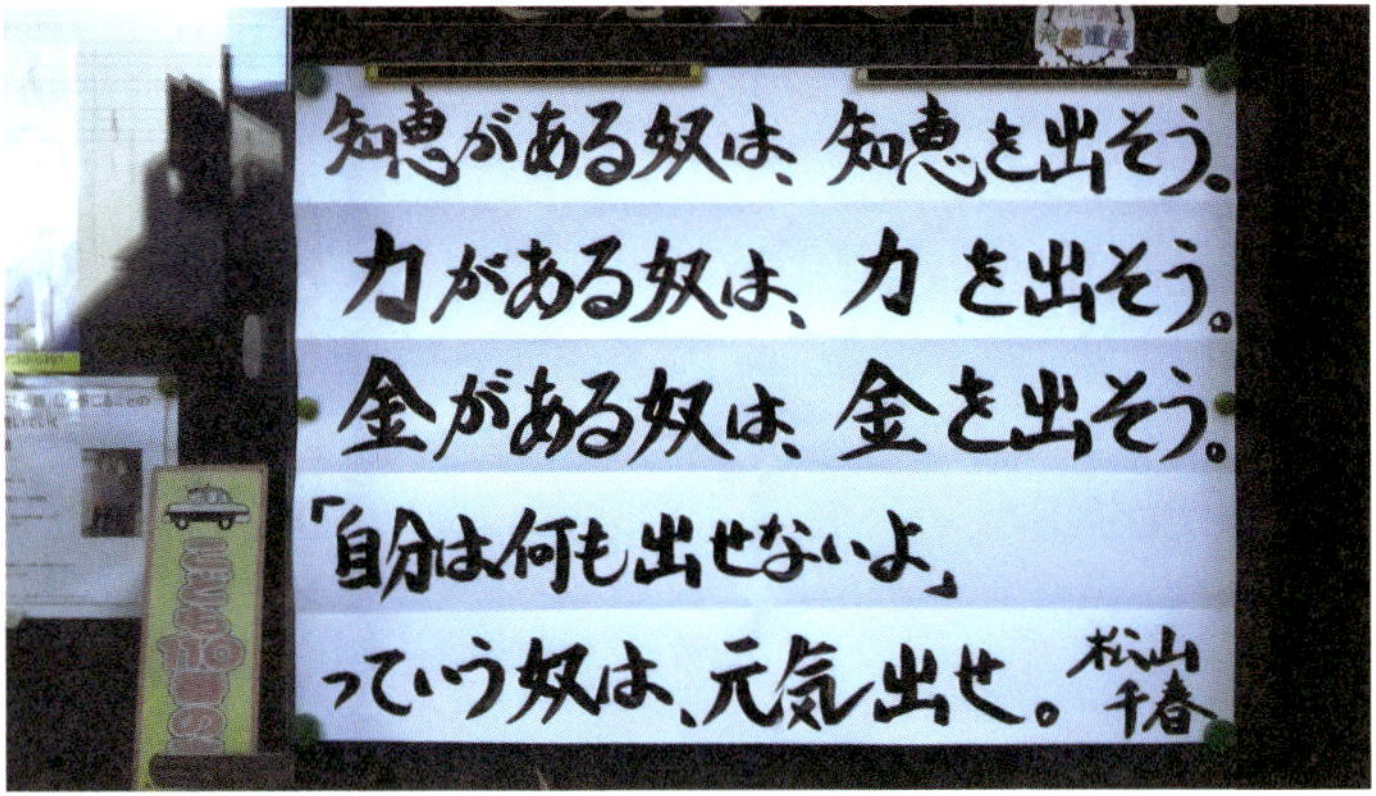

超覚寺（広島）
投稿者：@chokakuji

これは東日本大震災の直後にラジオで松山千春さんが話した言葉の引用です。

数多くの災害のニュースを見ていると、自然の脅威の前での人間の無力さを痛感しますが、そのような状況の中でもそれぞれに何かできることがあるはずです。七七頁で「無財の七施」に触れましたが、お金をかけずに他人のためにできることがたくさんあります。

以前、ハワイのお寺に行ったときに、お寺の壁にこのような言葉がかかっていました。

「Dana is joy（布施はよろこび）」

昨年、スーパーボランティアの尾畠春夫さんの生き方が話題になりましたが、尾畠さんのように「他人のために布施をすることの喜び」に気づける人間になりたいものです。

36

ビヨンセのスピーチ

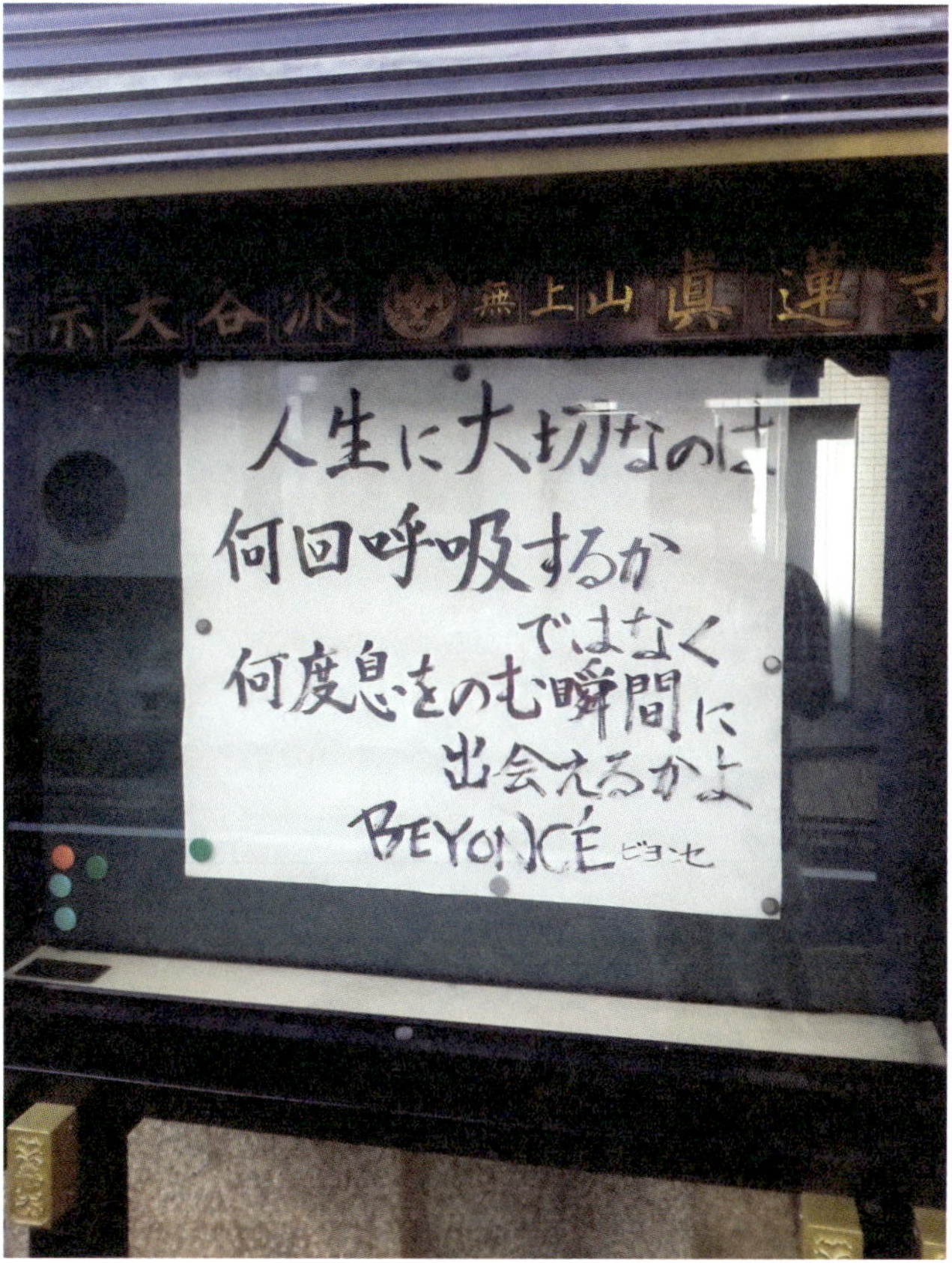

真蓮寺（京都）
投稿者：@cityhalllunch

今回の掲示板の言葉は、アメリカの歌手ビヨンセさん。グラミー賞で六部門受賞したスーパースターです。

彼女はマイケル・ジャクソンを心より敬愛していました。マイケルが亡くなったとき、追悼の言葉として贈られたものが掲示板の文です。

原文では、

“Life Is Not Measured By the Number of Breaths We Take, But By the Moments That Take Our Breath Away.”

となります。

マイケルは五十歳で亡くなりましたが、圧倒的なパフォーマンスを通じて、世界の多くの人々に感動を与えました。ビヨンセさんはマイケルのスーパースターとしての生きざまから、「瞬間、瞬間を無駄にせず、大切に生きる」ということを学んだようです。

「息をのむ瞬間」とは、決してスーパースターの日常やステージ上のパフォーマンスの中だけにあるのではありません。

それは親しい人との何気ない会話の中にあるかもしれませんし、日常の風景、道端の花や夕日の美しさなどにもあるかもしれません。

千日回峰行《かいほうぎょう》を二度も満行した天台宗の大阿《だいあ》闍梨《じゃり》、酒井雄哉さんが出された本のタイトルに『一日一生』(朝日新書)というものがあります。

「一日一生」とは、「一日一日を全生涯と思って生きろ」ということです。もし、私たちもそのような意識を持つことができれば、無駄な一日や惰性の一日はなくなり、あらゆることが新鮮に感じられることでしょう。みなさんはそのような意識で普段生きていますか？

「息をのむ瞬間」はまさに私たちの当たり前の日常の中に潜んでいるのです。

37

バカボン＝お釈迦さま説

真宗大谷派難波別院（大阪）
投稿者：@tsumurayukiwo

半世紀前に「週刊少年マガジン」で連載が始まり、現在までに五回もアニメ化された『天才バカボン』は、赤塚不二夫ギャグ漫画の金字塔です。

このバカボンという名前は「薄《ば》伽《ぎゃ》梵《ぼん》」、つまりは仏に由来しているとも言われています。実は仏教を意識した漫画なのです。

「おでかけですか」と声をかけてくるレレレのおじさんは、チューラパンタカ＝周利《しゅり》槃特《はんどく》が元になっていると言われています。お釈迦さまは教えを何も覚えられない彼にほうきを渡し、毎日僧院を綺麗にしなさいと説きました。それ以来、彼は言いつけを忠実に守り、毎日掃除に専念し、最後には自分自身の因縁も掃き清め、さとりに至ったと言われています。

お釈迦さまは優秀な弟子もそうでない弟子も、分け隔てなく拒否せずに受け入れました。バカボンのパパの決めゼリフ「これでいいのだ」という言葉はお釈迦さまの姿勢にも沿っています。これは「すべてをありのままに受け入れる」さとりの境地をある意味示しているのです。

このバカボンを描いた赤塚不二夫さんに見出されて芸能界に入ったのがタモリさんです。

非常に親交が深かったため、赤塚さんの葬儀では弔辞を述べましたが、タモリさんは赤塚さんの生き方を以下のように語っています。

あなたは私の父のようであり、兄のようであり、そして時折見せるあの底抜けに無邪気な笑顔は、はるか年下の弟のようでもありました。あなたは生活すべてがギャグでした。たこちゃん（たこ八郎さん）の葬儀の時に、大きく笑いながらも目からはぼろぼろと涙がこぼれ落ち、出棺の時、たこちゃんの額をぴしゃりと叩いては、「この野郎、逝きやがった」

と、また高笑いしながら大きな涙を流していました。あなたはギャグによって物事を無化していったのです。

　これらの言葉から赤塚さんの生きざまが鮮明に浮かびあがってきます。そして、その直後に「これでいいのだ」に表される境地について言及しています。

　あなたの考えはすべての出来事、存在をあるがままに前向きに肯定し、受け入れることです。それによって人間は、重苦しい意味の世界から解放され、軽やかになり、また、時間は前後関係を断ち放たれて、その時、その場が異様に明るく感じられます。この考えをあなたは見事に一言で言い表しています。すなわち、「これでいいのだ」と。

　さすがタモリさん。「これでいいのだ」という境地について、見事に説明しています。すべての事態をあるがままに受け入れることによって、「過去」や「未来」を離れた「現在」に意識がフォーカスされます。

　そのことによって、いまの瞬間が輝きを帯び、過去や未来に起因する無駄な悩みがなくなって、目の前にある幸せを強く感じられるようになるのです。

　「これでいいのだ」――これが天才漫画家・赤塚不二夫さんの人生を貫く最も重要な価値観だったのでしょう。

38

タモリの「中道」

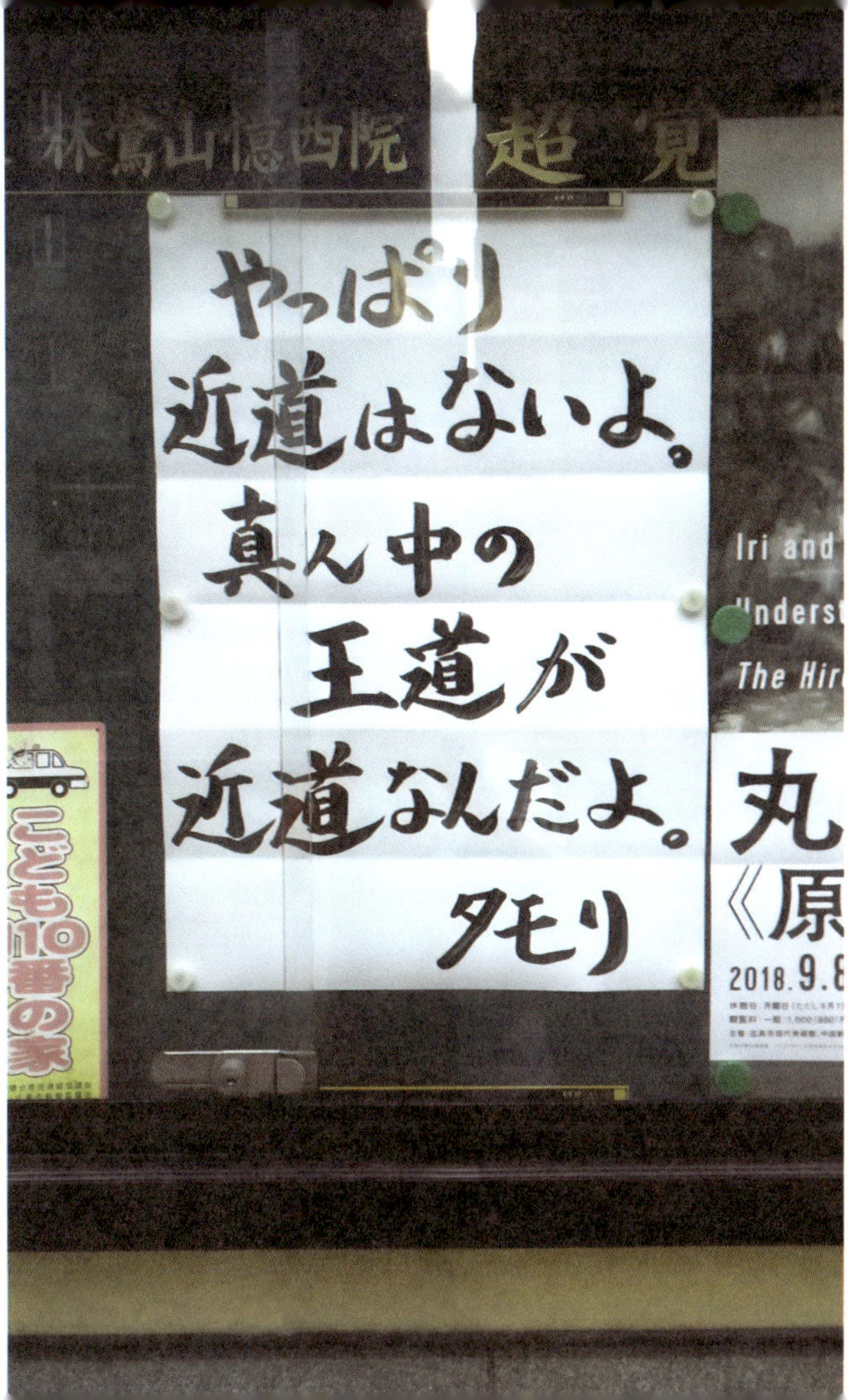

超覚寺（広島）
投稿者：@Chokakuji

今回はタモリさんの言葉です。「真ん中の王道が近道」とは何を意味するのでしょうか。仏教者であれば、ここから「中道《ちゅうどう》」という言葉を連想します。

仏教の「中道」は、理解することも、実践することも非常に難しいのですが、簡単に言うと「極端な見解や実践を離れたもの」となります。「中道」を示すエピソードが『マハーヴァッガ（大品）』という仏典の中にあります。

さとりを得るために足から血を流すほどの大変厳しい修行をしていたソーナというお弟子さんは、なかなかさとりに至ることができず悩んでいました。

そんな彼に向かって、お釈迦さまは、「琴の弦は強すぎても、弱すぎてもいい音は出ないものです。修行とさとりもこれと同じで、努力しすぎても、怠惰になりすぎてもダメなのです。釣り合いのとれた努力をしなさい」と説きました。

彼はその後、教えを守り、さとりに到達しました。

これは極端な見解や実践を戒めたお釈迦さまの有名なエピソードです。

タモリさんを一度、テレビ番組の収録の場で見たことがあります。昨年、「お寺の掲示板大賞」を『タモリ倶楽部』で取りあげてもらってご一緒させていただいたのですが、カメラが回っているときも準備のときもずっと同じテンションで、常に自然体の方でした。

タモリさんが遊びの場で、「真剣にやれよ！　仕事じゃねえんだぞ！」と怒ったという話や、仕事の場で「やる気のあるものは去れ！」と言ったなどというエピソードからもわかるように、仕事も遊びも一定のスタンスを目指していらっしゃるようです。

仕事をしているときもしていないときも、常に一定だから、『笑っていいとも！』のような長寿番組ができたのだと思います。オン・オフの切り替えをいちいちしていたら、三十年以上も生放送の番組を続けることはできなかったでしょう。

また、タモリさんは芸能界で大御所の地位を築いていますが、常に冷静で広い視野を持たれています。タモリさんの名言には、以下のようなものもありました。

「まあ、私も結構活躍しているみたいなんですけども、宇宙から見たらもうどうでもいいですね」

「人間って『自分がいかに下らない人間か』ということを思い知ることで、スーッと楽にもなれるんじゃないかな」

「好きな言葉は『適当』」


これらの名言を読んでいると、タモリさんの心の中では常に何らかのバランスをとる装置が働いているような気がします。場所や状況に合わせて極端な態度をとることなく、どんな場面でも淡々と。これが生きる上で最も重要だということを、経験の中から学ばれたのでしょう。

最近ではＮＨＫで『ブラタモリ』という番組をやっていますが、タモリさんが自然体で好きなことをただ楽しくやっている雰囲気がテレビの前の視聴者に伝わってきます。そのぬるさが非常に心地よく、番組の人気につながっています。

七五頁の樹木希林さんの言葉を借りると、

「おごらず、人と比べず、面白がって、平気に生きている」

これがまさにタモリさんの生き方なのかもしれません。

39

チャーリー浜のギャグ

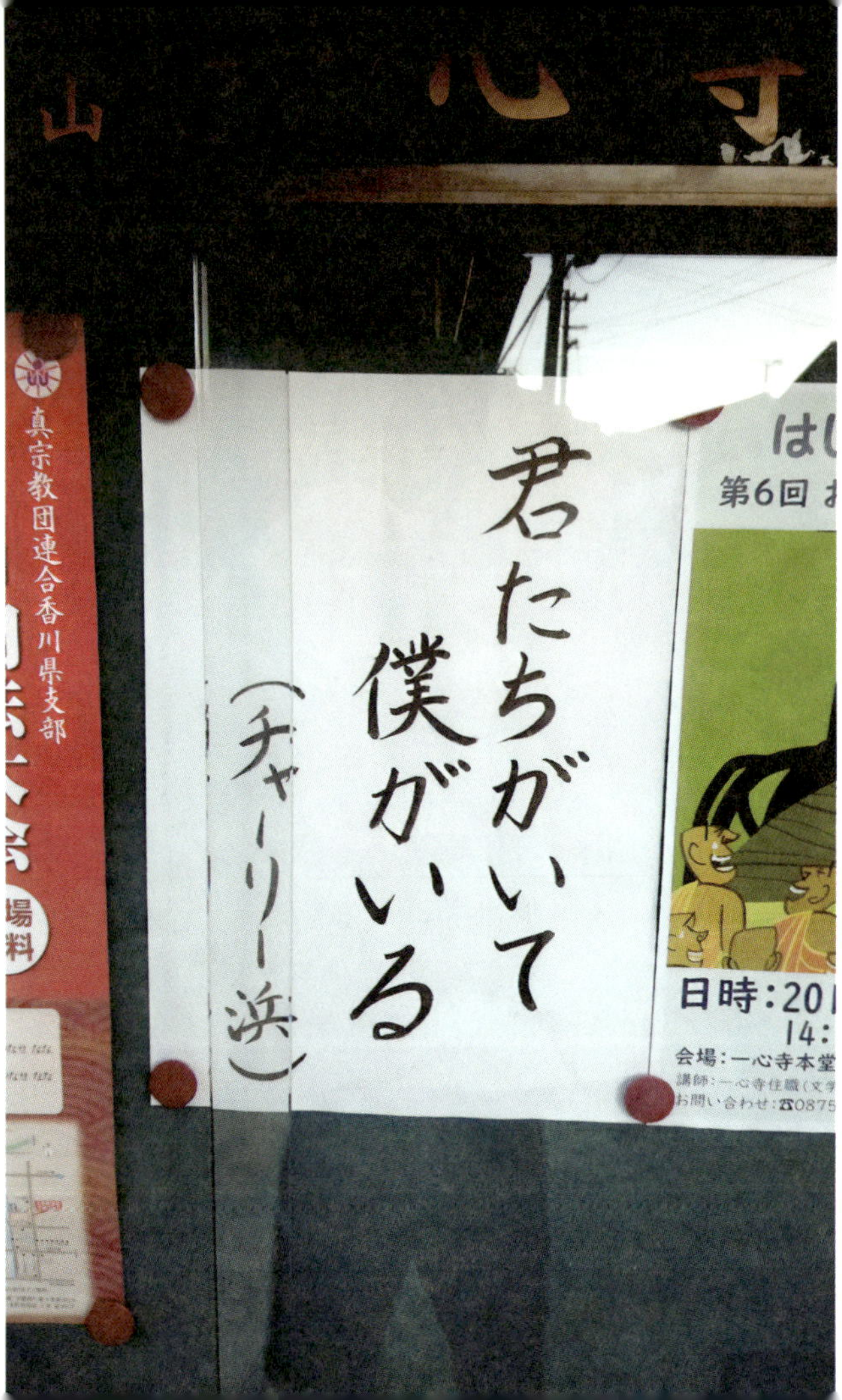

一心寺（香川）
投稿者：@masa480401

チャーリー浜さんは吉本新喜劇を舞台にコメディアンとして長年活躍され、「〜じゃあーりませんか？」というギャグで一九九一年に流行語大賞を受賞しました。まさに吉本新喜劇の存在を日本全国に知らしめた第一人者です。

そのチャーリー浜さんのもうひとつの有名なギャグが「君たちがいて、僕がいる」。

四十代以上の人たちの大半は、このフレーズを覚えているのではないでしょうか。

「なぜチャーリー浜がお寺の掲示板に？」と思われる方もいるかもしれません。これはこの本の中で何度も登場している「縁起」の教えにも通じる言葉なのです。

『自説経《じせつきょう》』の中にこのような言葉があります。

「これある故《ゆえ》にかれあり、これ起こる故にかれ起こる、これ無き故にかれ無く、これ滅する故にかれ滅す」

これは、すべてのものはお互いに深くかかわりあいながら成立しており、完全に独立して存在しているものはないことを意味しています。

「君」と「僕」を私たちはいつも分けて考えます。「分けることはわかること」という言葉があるように分けて考えることによって理解が進むこともありますが、それぞれが比較の対象になり、そこから優劣感や嫉妬や憎悪が発生し、苦しみが起こる原因にもなります。

ですから、「君と僕がつながっている」という視点をもつことが仏教的なスタンスだといえるでしょう。

おわりに

本書はダイヤモンド・オンラインに連載中の「『お寺の掲示板』の深〜いお言葉」の一部を加筆・修正したものです。

この連載はダイヤモンド社の旧知の編集者にダイヤモンド・オンラインにお寺の掲示板を紹介する記事を一度書かせてもらえないかと二〇一八年の九月に依頼したことがきっかけでした。掲示板大賞の投稿数が減ってきていたので、すがる思いでお願いをしたのですが、戻ってきた返事に一瞬耳を疑いました。

「それでは十月一日〜三十一日まで毎日お寺の掲示板を紹介する連載をやりましょう」

この言葉を聞いたのが、九月二十日。そして、具体的な打ち合わせを行って原稿を書き始めたのが、九月二十六日。普通だったら連載の原稿はそのころにほぼ完成しているのが常識のような気がしますが、全く何の準備もないまま唐突に執筆生活が始まりました。

ダイヤモンド・オンラインでも史上初の一か月間毎日連載。そんなことを全く想像していませんでしたので、月曜日から日曜日までびっしり仕事を入れていました。毎日が締め切りの綱渡り生活が続き、夢の中にもお寺の掲示板が出てくる一か月間でした。もう二度と人生の中で同じような経験をしたくはありませんが、ダイヤモンド社の編集者による提案がなければ本書が完成することはありませんでした。大変忙しい中、連載に毎日粘り強くつきあってくださったダイヤモンド社のスタッフのみなさまに感謝いたします。

　ダイヤモンド・オンラインの連載はおかげさまで週一回のペースで現在も続いており、第一回目から一貫して「満員電車の中で仏教を全く知らないサラリーマンがスマホで仏教に触れる」というコンセプトで書かれています。極力難しい文言を避け、シンプルに書かれているのはそのためです。物足りないと思われる方も当然いらっしゃると思いますが、そのような方はぜひお寺の中に入って、教えに深く触れていただければと思います。

　今回、帯にすばらしい推薦のお言葉を寄せていただいた如来寺住職の釈徹宗師、カバーの撮影にご協力いただいた龍雲寺の細川晋輔師に厚く御礼申し上げます。また、書籍化にあたって新潮社の金寿煥さんにお世話になりました。

　そして何よりも掲載を許可していただきましたお寺の関係者のみなさま、投稿者のみなさまに心より感謝申し上げます。みなさまの温かいご協力がなければ絶対にこの本が完成することはありませんでした。

　掲示板をコツコツ書かれている全国のお寺の関係者の方々に最大の敬意を表すると同時に、本書や掲示板大賞に関わってくださったすべてのみなさまに感謝いたします。

二〇一九年八月

江田智昭

江田智昭（えだ・ともあき）

1976年福岡県生まれ。浄土真宗本願寺派僧侶。早稲田大学社会科学部・第一文学部東洋哲学専修卒。2007年より築地本願寺内の（一社）仏教総合研究所事務局、2011〜2017年にデュッセルドルフのドイツ恵光寺、2017年8月より（公財）仏教伝道協会に勤務。

お寺《てら》の掲示板《けいじばん》

発　行　2019年 9 月25日
18　刷　2022年 9 月10日

著　者　江《え》田《だ》智昭《ともあき》

発行者　佐藤隆信
発行所　株式会社新潮社
〒162-8711　東京都新宿区矢来町71
電話　編集部　03-3266-5550
読者係　03-3266-5111
https://www.shinchosha.co.jp

印刷所　半七写真印刷工業株式会社
製本所　加藤製本株式会社

ISBN 978-4-10-352871-5 C0015